中公新書 2713

源河 亨著

「美味しい」とは何か

食からひもとく美学入門

中央公論新社刊

まえがき

人は毎日何かを食べなければ生きていけない。生き物である限り、何かしら栄養を補給しなければならないからだ。しかし、私たちの毎日の食事は単なる栄養補給ではない。健康に良くてもマズいものはなるべく食べたくないし、おいしいなら多少健康に悪くても食べてしまう。食事は「栄養が多い／少ない」「体に良い／悪い」だけでなく、「おいしい／まずい」が評価されるものである。

本書は、食に関するこうした評価を例として「美学」という学問を紹介する。「美学」というと「美しい／カッコいいもの」を紹介するという印象があるかもしれないが、本書で取り上げる「美学」はそれではない。本書で扱う「美学」は、私たちが評価を下す際に用いる「センス」を考察対象とする哲学である。この意味での美学の目的は、美しいものを紹介することではなく、「何かを美しいと評価するとき、私たちは何をしているのか」といった問題を考察することだ。その評価は正しいのか、評価の基準は何なのか、なぜ他人と評価が食い違ったりするのだろうか。

例を挙げてもう少し具体的に説明しよう。友人からおいしいラーメン屋に連れて行くと言われたとする。行ってみるとかなり行列ができていた。これはさぞおいしいのだろうと思った。しかし、出てきたラーメンは油がギトギトで、においが強烈で、とんでもなく激辛で、まったくおいしいと思えなかった。そうすると、「こんなまずいラーメン食べたことない。これをうまいと言う人は味覚のセンスがないんじゃないか」とか思えてくる。店を出た後で友人に「全然おいしくないじゃないか」と言った。すると友人は「そんなことない。ここはいろんなラーメン雑誌で取り上げられているし、グルメサイトでの評価も高い。何より、こんなに行列ができている」と言い返してきた。

そのときあなたはどう思うだろうか。多くの場合、「まあ好みは人それぞれだしな」と思い、それで終わりにするだろう。だが、もう少し踏み込んで考えてみると、いろいろな疑問が浮かんでくる。自分が思った「おいしくないラーメンだ」という評価は間違いなのか。あんなに大勢の人がおいしいと言っているんだから、本当はおいしいんじゃないか。自分は強い刺激に慣れていなかっただけで、食べ続けていけばそのうちおいしく感じるようになるんじゃないか。いや、最初においしくないと思ったものを我慢して食べ続ける必要があるのか。むしろ、それをおいしく感じるようになるのは、自分の味覚センスを落とすことになるのではないか。確かに、あの店のラーメンを食べようと行列を作っている人は多いけど、食べたい人がたくさんいるものが本当においしいとは限らない。並んでいる人たちはとにかく刺激が強いものをありがたがっているだけで、正しい評価などできていない可能性もある。いや待て、そもそも評価に正しいや間違いはあるのか……。

日常生活では、こういった細かいところまで考えることはめったにない。しかし、そこを粘り強く考えるのが美学という学問だ。粘り強く考えることで、人が評価を下す仕組みはどうなっているか、そこで使われている「センス」とは何かを明らかにしたいのである。

本書は、こうした美学への手引きとなることを目指している。美学とはどういう研究分野か、どういった議論があるのか、どのように考察していくのか、を示したい。

だが、本書は単なる美学の入門書ではない。というのも、本書には、他の多くの美学書にはない特徴が二つあるからだ。

一つ目は、まさに飲食を例にしている点である。ほとんどの美学書では、絵画や音楽、彫刻といった芸術作品の鑑賞が例となっており、飲食物を扱っている本は少ない。これには歴史的な事情がある。というのも、飲食に関わる味覚や嗅覚《きゅうかく》は生命維持と結びついた動物的な感覚であり、絵画や音楽といった視覚・聴覚的な芸術鑑賞と並び立つものではないとされていたからだ。そして、そうした芸術の経験こそ美学が探求すべきものだと考えられていたのである。

だが、こうした考えは根拠の薄い独断であるか、過去の時代的な偏見にすぎない。第1章では、知覚に関する現代の科学を参照しつつ、飲食も美学の研究対象となるものだと主張しよう。

飲食が美学のテーマになると示せたなら、美学を研究するための最適な例が得られることになる。というのも、絵画や音楽といった芸術に何の興味もない人はいるが、飲食物に完全に興味がない人はいないからだ。「ご飯は何でもいい」と言う人はそれなりにいるが、まずいものでもいいと言っているわけではないはずだ。なるべくならおいしいものを食べたいし、できる限りまずいものは避けたいだろう。人は毎日（たとえわずかでも）飲食物について考えなければならないのである。そのため、飲食を例にすれば、最も一般的な評価の例を使って人の評価の仕組みを考察できるのである。

本書の二つ目の特徴は、さまざまな現代の研究を参照することである。先ほど、第1章では知覚に関する科学を参照すると述べたが、本書は全体を通して現代のさまざまな分野の研究を参照する（生理学、心理学、脳科学、言語学など）。この点も美学書としては珍しい。というのも、多くの美学書は過去の有名な哲学者（プラトン、カント、バウムガルテンなど）の研究のみを参照しているからだ。本書で取り扱う問題は昔から哲学や美学で扱われてきたものであり、そのため本書も哲学的な見解を参照する。しかし本書は過去よりも現在の哲学に目を向け、なおかつ、哲学以外の研究も参照した包括的な観点からの考察を行いたい。

　こうした方針を採用する理由は二つある。一つは、過去の哲学を参照した美学書はすでにたくさんあるということだ。良い本も多いので、さらに一冊増やす必要はないだろう。そしてもう一つは、さまざまな分野と美学との接続を目論《もくろ》んでいるということである。本書は、伝統的に美学で問われていた問題に対し、現代のさまざまな研究を利用してアプローチする。それがうまくいけば、伝統的な美学と現代の他の研究分野を橋渡しすることができるようになるだろう。そして、美学を介してさまざまな分野の研究者が互いの研究を参照できるようになり、それぞれの分野に良い影響が与えられるはずだ。

　ここで、本書で取り上げる話題を簡単に説明しておこう。

　第1章は、先ほど説明したように、飲食に関する経験が美学の探求にふさわしいものであることを示す。そのうえで重要になるのは、私たちが普段「味」と呼んでいるものは五感を使って経験されるものであるということ、味は多感覚（マルチモーダル）知覚の対象だということである。

　第2章と第3章では、おいしさは主観的なものかという問題を取り上げる。先ほど出てきた「好みは人それぞれ」という言葉は、おいしさの評価は個人の主観にすぎず、他人と合わないのも当然だという考えを表すために使われる。それに対し本書では、評価には主観的な側面と客観的な側面の両方があることを明らかにしたい。本人がおいしいと感じても、間違った評価を下している場合もあるのだ。

第4章では、知識に関する問題を取り上げる。「このワインはどこ産の何年もので……」みたいな話を自慢気にひけらかす人にウンザリしてくると、「ごちゃごちゃ言わないで、味を純粋に楽しめばいいじゃないか」とも思えてくるだろう。知識は純粋な味わいを損ねるものに思えてくるのだ。確かに、知識がなくても食事を楽しむことはできる。だが本章では、知識があることで楽しみが増えることを明らかにしよう。

第5章では、味やおいしさの言語化を取り上げる。「筆舌に尽くしがたい味」と言われることがあるように、自分が感じた味を言葉にするのは難しい。しかし本章の前半では、言語化を試みることで味の経験がより豊かになると主張しよう。そして後半では、味を言葉にするときに使われる比喩を取り上げる。とくに、よく言う「優しい味」はどういう意味で「優しい」のかを検討する。

最後の第6章では、料理が芸術なのかどうかを検討する。先ほどはセンスに焦点を合わせて美学がどういう研究分野なのかを説明したが、美学にはもう一つ大きなテーマがある。それが「芸術とは何か」というものだ。そして本章では、料理を例にしてこの問題を検討する。

本章で主張したいのは、料理は、音楽やダンスといった問題なく芸術と認められるものと重要な共通点が多くあり、そのため芸術と認められるということである。

それでは、私たちが食べ物を口にした瞬間に何が起きているか、そこから検討を始めよう。

目次

第2章　食の評価と主観性……………………39

——味覚だけでは味わえない

図表作成◎ケー・アイ・プランニング

「美味しい」とは何か

食からひもとく美学入門

第1章　五感で味わう

人間には視覚、聴覚、嗅覚、触覚、味覚の五つの感覚が備わっている。これら五つのうち味の判断に関わるのは、もちろん味覚だと思われるだろう。おいしいかどうかは、甘さ、辛さ、しょっぱさ、苦さ、それらのバランスといったもので決まり、それを判定するのは舌だと考えられるのではないだろうか。

しかし、本章ではこの考えに反対する。というのも、私たちが普段感じている味は、五感すべてが働いた結果として知覚されているものだからだ。注意すべきなのは、五感すべてを使った方が食事をより楽しめるということではない。むしろ、五感すべてを使わなければ普段私たちが感じる味にならないということである。味覚だけで味を感じることはめったになく、できたとしても、そこで感じられるのは私たちがよく知っている味とはかけ離れたものであるだろう。

また、本章には別の目的もある。それは、「飲食物は美的な評価の対象にはならない」という古典的な哲学の見解に反対することだ。美的な評価がどういうものかは次章で詳しく取り上げるが、ひとまずここでは、私たちが芸術作品や雄大な自然を前にして下す「美しい」「素晴らしい」といったものだと理解しておけば十分だ。飲食物がこうした評価の対象にならないとされてきた理由は、味覚をはじめ飲食に関わる感覚が何かしら劣ったものだと考えられていたからである。

しかし、本章ではこの考えに反対し、飲食も芸術と同じように評価されうるものだと主張する。その根拠は、先ほど述べたように、飲食の経験には味覚と嗅覚だけではなく五感すべてが関わるからである。味は多感覚（マルチモーダル）知覚の対象なのだ。

1　視覚は高級？　味覚は低級？

古典的な見解

まえがきで述べた通り、美学はセンスや芸術を研究する哲学である。そのための題材として、絵画、彫刻、音楽などが主に取り上げられてきたが、食べ物やその味が表立って取り上げられることはなかった。

その理由は感覚の区別にある。絵画や音楽を鑑賞するために使われる視覚や聴覚は、知性や思考が関わる「高級感覚」であるが、食事に関わりそうな感覚、味覚や嗅覚、触覚は動物的で本能的な「低級感覚」だとみなされていた。そして、低級感覚では音楽や絵画の鑑賞と並ぶ経験は得られないと考えられていたのである。

低級感覚を通して経験できるのは単なる快や心地よさにすぎず、それらでは美や芸術の経験に不可欠な知性的な要素が得られない。この手の主張は、トマス・アクィナスやヘーゲルといった哲学者ははっきり述べているし、その源流は古代ギリシャまで遡《さかのぼ》ることができる。プラトンやアリストテレスも美とは視覚的に与えられるものであると考えていたようだ（より詳しくは、コースマイヤー［二〇〇九］第四章、ジャケ［二〇一五］第一章、スクルートン［一九八五］第五章、谷川［二〇〇三］第一章、西村［二〇一一］第三章を参照）。

しかし、味覚や嗅覚、触覚に知性的な働きが関わらないというのは本当なのだろうか。実のところ、その根拠が明確に述べられることはほとんどない。実際、先ほど名前を挙げた哲学者たちも、何か議論のうえでそう主張しているわけではない。むしろ、それらが知性的でないことは説明の必要がないほど明らかだと思われていたようなのである。

食べ物が芸術になりえないのかどうかは最終章で取り上げるとして、本章では、味が絵画や音楽と同じようにして評価されうるものなのかを検討しよう。もちろん本章では、同じように評価されうると主張する。だがその前に、五感を二つのグループに分ける考えについてもう少し説明しておこう。

直接の接触

知性的であるかどうかはさておき、視覚と聴覚を片方のグループにまとめ、嗅覚、味覚、触覚を別のグループに分ける理由があることはある。それは、感覚器官と対象が直接的に接触しているかどうかだ。味覚と嗅覚と触覚は感覚器官に直《じか》に触れているものを捉えているのに対し、視覚と聴覚は離れたところにあるものを捉えているのである。

たとえば、カレーを食べる場面を考えてみよう。まずもって重要な働きをしていると思われるのは舌だ（鼻は少し後で取り上げる）。スプーンでカレーをすくい、口に入れる。カレーが舌に接触したときに、辛さや野菜の甘さやスパイスの香ばしさ、温度やとろみが感じられる。このとき、私たちの感覚器官とカレーが直接触れている。カレーが舌の味蕾《みらい》や温度センサーに触れたときに、辛さや甘味や熱さが感じられるのだ。

これに対し、視覚や聴覚でカレーを知覚する場合、カレーと感覚器官は直接触れていない。カレーを見るときに私たちの眼にカレーが入っているわけではない（カレーが眼に入って感じられる痛みは触覚だろう）。同じく、カレーが鍋でグツグツ煮えている音を聞くとき、煮えたぎったカレーが耳に入っているわけではない。

感覚器官に触れているのは、視覚の場合には光で、聴覚の場合は音波である。カレーから反射された光が眼に入ることでカレーが見えるし、煮立ったカレーによって振動させられた空気の波が耳に入ることでその音が聞こえる。視覚や聴覚の場合、感覚器官は対象そのもの（カレー）には触れていないが、対象と触れた別物（反射光や音波）と感覚器官が触れることで、対象についての情報が得られている。光や音波といった媒介を利用することで、視覚や聴覚は知覚者から離れたところにある対象を捉えることができるのだ。

では、嗅覚はどうだろうか。嗅覚も視覚と聴覚と同じく離れたところにある対象を知覚する感覚だと思われるかもしれない。道を歩いているときにカレーのにおいが漂ってきて、「近くにカレー屋がある」と思ったことはないだろうか。どこでカレーを作っているか正確な場所はわからないが、ともかく、少し離れたところでカレーを作っていることはわかる。こうした例から、嗅覚も離れたところにあるものを捉える感覚だと考えられるかもしれない。

しかし、それには異論もある。というのも、嗅覚にも対象との直接の接触があるからだ。

カレーのにおいを感じるとき、カレーから揮発《きはつ》した分子が鼻のなかに入ってきている。嗅覚は、視覚や聴覚のように別物を利用しているのではなく、対象そのものと触れ合っているのだ。

この点をさらに理解するには、「においが残る」と言われる場面を考えてみるのがいいだろう。自宅の玄関の扉を開けたときにカレーのにおいがした。今日の夕飯はカレーかと思ったが、カレーはない。昼間に食べたカレーのにおいが残っているだけだったのだ。このとき、カレーそのものは食べられてしまっていて存在していないが、昼間にカレーから揮発した分子はまだ部屋のなかを漂っている。嗅覚による知覚は、その分子が鼻に入って嗅覚受容体を刺激することで成り立っている。嗅覚の対象はカレーそのものではなく、カレーから揮発した分子であり、揮発した分子は感覚器官に接触しているのだ。

このように、対象との直接的な接触があるかどうかで、感覚は確かに二つのグループに分けられる。そして、そのグループ分けの結果は、「高級／低級」のグループ分けと一致している。どちらの分け方でも、視覚と聴覚が片方に、味覚と嗅覚と触覚がもう片方に分類されているのだ。

だが、直接の接触があるかどうかと知性的であるかどうかはまったく別の話だ。接触の観点から感覚をグループ分けする際、知性的であるかどうかはまったく言及されていない。そうであるなら、感覚が二つのグループに分けられること自体は、味覚などが知性的でないことを示す証拠にはならない。そもそも、ある感覚は知性的で別の感覚はそうではないという区別が本当にできるのだろうか。

本能的・動物的？

味覚をはじめとする直接的な感覚は「本能的」「動物的」だと言われたりすることが多い。だが少し前に述べた通り、それを明確に示そうとした議論は見たことがない（私が知らないだけかもしれないが）。むしろ、時代的な偏見や漠然としたイメージに基づいていることがほとんどである。ここでは、そうした漠然とした偏見やイメージを検討しよう。

直接的な感覚を本能的・動物的とみなす論点の一つとして、それらの感覚は「生存に直結する」と言われることがある。味覚や嗅覚は目の前のものが食べられるかどうかを判定するために重要だ。触覚で感じる痛みは体に与えられる危害を回避する行動を促す。直接の感覚で感じるものは、自分の体に接触するものであり、生きていくうえで重要であるというのだ。

しかし、生存に必要な情報を得るというのはどの感覚にも当てはまる。離れたところに危険なものがあったり、それが迫ってきたりしていることは、視覚や聴覚によって捉えられる。むしろ、離れているうちに察知する方が良い。離れたところにある段階で危険を察知して回避した方が生き残る確率が上がるからだ。体に直に触れたときにはもう手遅れかもしれない。そうすると視覚や聴覚は、生存に影響を与えるものが体に直に触れる前に知覚するために備わったとも考えられる。そうであるなら、視覚や聴覚こそ「生存に直結する」もの、生存する確率をより高めるために獲得されたものということになるだろう。

もしここで「生存のための感覚は知性的ではない」と主張するなら、視覚ですら知性的でないと言う羽目になる。しかし、これでは低級感覚と高級感覚の区別がつけられなくなるどころか「感覚はすべて知性的でない」ということになってしまう。そして「私たちはどの感覚でも美的な評価を下せない」という受け入れがたい結論が導かれてしまうだろう。そうである以上、生存の観点から低級と高級を区別する方針はふさわしいものではない。

直感的・反射的?

別の論点として、直接の感覚による評価は「反射的」「考える余地がない」「直感的」と言われることがある。たとえば、好物を食べるとすぐさま「おいしい」と感じ、肯定的な評価が生まれる。腐ったもののにおいを嗅《か》いだときにはすぐさま嫌悪感が生まれ、そのにおいが否定的に評価される。体に触れたものが痛かったり熱かったりしたら、嫌なものとして反射的に回避行動がとられる。これらの感覚では、知覚したものが良いか悪いか自動的に判定されていて、そこに知性や思考を働かせる余地がないと思われるかもしれない。

だが、視覚と聴覚にも自動的に評価が決まる場合がある。たとえば、まぶしすぎる光、大きすぎたり高すぎたりする音は、不快に感じざるをえない。考える余地もなく、眼をつぶったり耳をふさいだりする回避行動がとられるだろう。

ここで、「考える余地なく評価が下される感覚は知性的でない」と主張するなら、視覚や聴覚も知性的ではないと言う羽目になる。そうすると先ほどと同じく、「私たちは視覚や聴覚を使って美的な評価を下せない」という受け入れがたい結論が導かれてしまうだろう。

さらに言えば、直接の感覚にも知性や思考が入り込む余地がある。というのも、それらの感覚の反応にも学習が関わるからだ。たとえば、排泄物《はいせつぶつ》のにおいなどは否応《いやおう》なしに不快に感じられるように思われるが、実はその反応も学習されたものだ。実際、赤ちゃんはそれを嫌がっていないだろう。

この点を示す印象的なエピソードとして「におい爆弾」の話がある。アメリカ軍は催涙ガスのような役割を果たす不快なにおいの爆弾を開発しようとしていた。しかし、全世界で共通に「悪臭」と認識されるにおいは発見できていないそうだ。「アメリカ軍野営地の便所のにおい」でさえ、水洗トイレや下水が完備されていない地域の人からすれば日常的なにおいであり、逃げ出すほどのものではないというのである（新村［二〇一八］六七～六八頁、ハーッ［二〇一八］八一頁）。

このように、直接的な感覚が関わる評価も学習が関わる余地がある。そして、学習は知性や思考といった領域に属するものだ。そうであるなら、直接的な感覚であっても知性的な要素があると考えることができるだろう。

これから先の方針

以上のように、視覚と聴覚だけが知性的で美的な評価を下すのに適しているという主張には十分な根拠がない。とはいえ、ここまでの話で「味覚を使って美的な評価を下せる」という主張の裏づけが与えられたわけでもない。というのも、それを支持する積極的な根拠は何も挙げられていないからだ。いまのところ、味覚で美的な評価が下せると主張する根拠も、下せないと主張する根拠もない。どちらも決め手に欠けているのである。

ここでとりうる方針が二つある。一つは、「味覚だけでも美的な評価を下せる」と言える積極的な根拠を示すことだ。それを示すことができれば、味覚によって捉えられている味は美的な評価の対象だと主張することができるだろう（たとえば、Sibley［2001］chap.15）。

だが、本章ではそれとは別の方針をとりたい。しかもその方針は、「視覚は知性的で美的な評価にふさわしいが、味覚はそうではない」と主張する人でも、味が美的な評価の対象だと認めざるをえなくなるようなものである。重要なのは、味は味覚だけで知覚されるものではないという点だ。むしろ、本章の冒頭で述べた通り、私たちが普段感じている味はすべての感覚が働いた結果として経験されているものである。味の経験には視覚（美的な評価にふさわしいとされる感覚）も関与しているのだ。

2　味覚だけでは味わえない

味蕾で捉えられる「味」

味の経験には五感すべてが関わることを示すために、まず、私たちが普段感じている味は舌の反応だけで決まるものではないことを説明しよう。その点を理解するには、味覚の感覚器官である味蕾がどういったものを捉えているかを考えてみるのが良い。

人間が舌で感じることができる味は、甘味・塩味・苦味・酸味・うま味の五つだと言われる。これらは舌の感覚センサーである味蕾が反応するものであり、よく「基本味《きほんあじ》」と呼ばれる。私たちが感じる味を作り上げている基本的な部品がこれらだということだ。

これと関連して、「味覚地図」を思い出した人もいるかもしれない。甘味は舌の先端で感じられ、苦味は舌の付け根の部分で感じられるといったように、舌のそれぞれの部分で感じる味が違うというものだ。だが、現在ではこの考えは否定されている。舌のどこに位置する味蕾も五つの基本味のすべてを感じられるのである。味覚地図という考えは、一八世紀初頭の信憑性《しんぴょうせい》が不明な研究が伝言ゲームのように伝えられ、そのうちに尾ヒレがついて定着してしまったようだ。実は、この間違いが長いあいだ放置されていたことにも味覚の軽視が関わると言われている。味覚を軽視してきた哲学の影響もあってか、科学者も味覚は面白い研究対象ではないという偏見をもっていたようなのだ（マッケイド［二〇一六］一二頁）。

話を戻そう。先ほど基本味は五つあると述べたが、実際にはもう少し多いかもしれない。最近では、第六の基本味として「脂味」が存在すると主張する研究もある（安松ほか［二〇二一］）。ひょっとすると、研究が進めば第七や第八の基本味があると認められるようになるかもしれない。

とはいえ重要なのは、たとえ数種類増えても「基本味」は、私たちが普段「味」や「風味（フレーバー）」と呼んでいるものの数には遠く及ばないということである。もし私たちの感じる味が数種類しかなかったら、キウイもグレープフルーツも甘酸《あまず》っぱく感じるだけで区別がつかないかもしれない。だが、私たちが感じる味はもっとずっと多種多様で数えきれないほどある。

私たちが感じる味が多様なのは、そもそも私たちが普段「味」と呼んでいるものは味蕾の

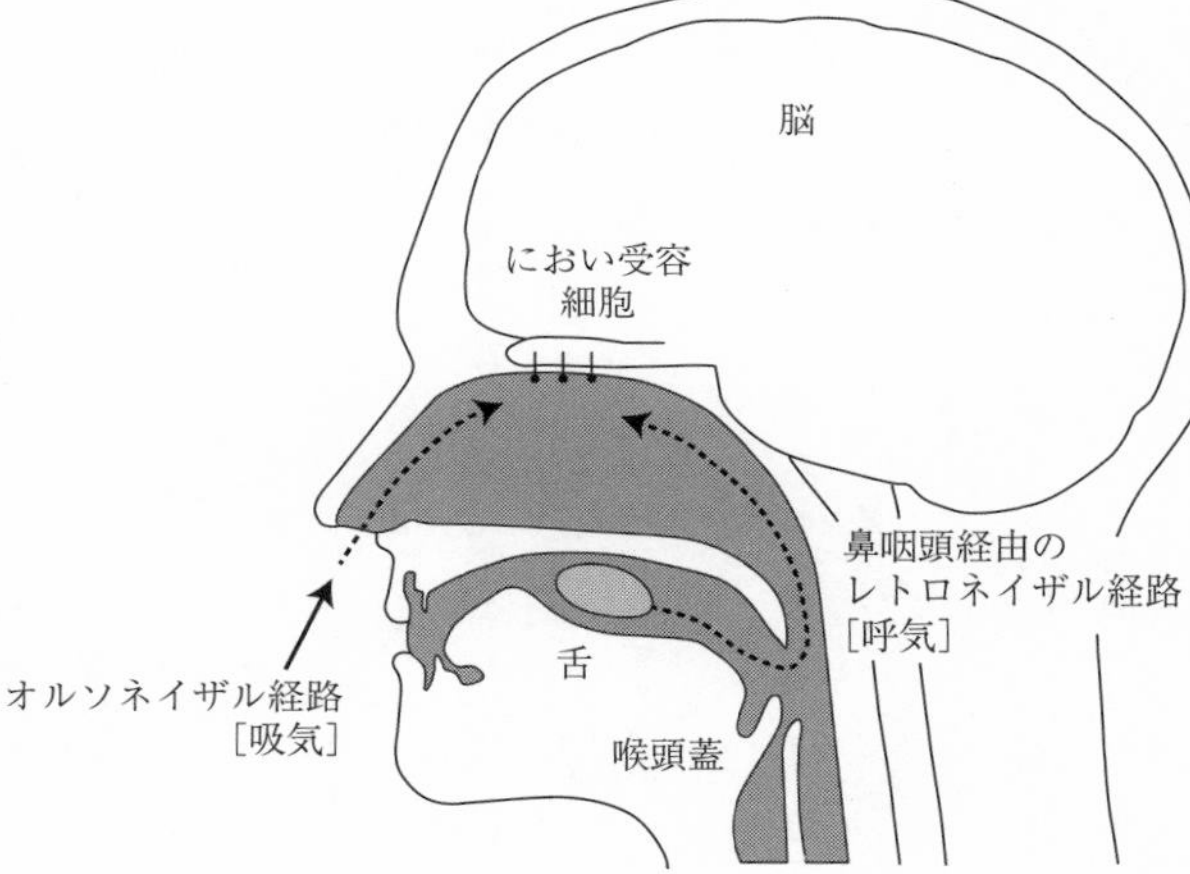

図 1-1　嗅覚の構造（シェファード［2014］44 頁より作成）

反応だけで決まるものではないからだ。味には他の感覚も関わっているのである。

嗅覚とにおい

まずわかりやすいのは嗅覚だろう。先ほど述べたように、食べ物から揮発した分子は空気中を伝播《でんぱ》し、鼻のなかに入り嗅覚受容体を刺激する。しかし、分子が伝わる経路はこれだけではない。口の奥の方から鼻の奥へと続く経路があるため、食べ物を口に入れて咀嚼《そしゃく》すると口のなかから分子が嗅覚受容体へと上がっていくのだ。前者の経路で感じられるにおいは「立ち香り（オルソネイザル）」、後者のにおいは「口中香《こうちゅうか》（レトロネイザル）」と呼ばれている（**図 1-1**）。

嗅覚受容体はおよそ四〇〇種類あると言われており、それらの反応の組み合わせによって数えきれないほど多くのにおいが区別される（新村［二〇一八］四八頁）。そして、これが味の豊富さを説明してくれる。つまり、私たちが普段感じる味には、嗅覚受容体の反応も関わっているのである。舌だけでは区別できないものが鼻で区別されているのだ（風邪《かぜ》をひくと味がわからなくなるのは、口の奥から嗅覚受容体にいたる経路が鼻水でふさがれるからだ）。むしろ、区別できる種類の多様さをみるなら、味の大部分を決定しているのは嗅覚だとも言える。実際、病気や事故によって嗅覚を失った状態（アノスミア）になると、食感や甘さやしょっぱさは感じられても、味がほとんどわからなくなってしまうという（バーンバウム［二〇一三］では、嗅覚を失ってから回復するまでの記録をもとに、日常生活で嗅覚がいかに重要な役割を果たしているかが示されている）。

においが味を決定するということは、においをどのように取り込むかによって味が変化するということになる。口中香をコントロールするのはなかなか難しいかもしれないが、それと比べると立ち香りはコントロールできる。たとえば、ビールやワインのグラスはさまざまな形のものがあり、グラスの形状に応じて鼻に入ってくる分子が違ってくる。ビールは同じでも注ぐグラスの口の広さが違えばビールから鼻へと入る分子の量が変わり、感じられる味が違ってくるだろう。

関連する別の話として、かき氷のシロップの例を紹介しておこう。最近のかき氷は凝っているので当てはまらないかもしれないが、少し前のかき氷のシロップはイチゴ味もレモン味も同じ砂糖水からできていた。違うのは香料と着色料である。こうした話を聞くと、「騙《だま》された！」と思うかもしれない。イチゴ味でもレモン味でも、舌を刺激するのは同じ砂糖水なのだから味は同じであるはずなのに、色とにおいが違うから違う味だと錯覚してしまった、ということだ。しかし、先ほど説明した嗅覚と味覚の関係を考えると、それは錯覚ではない。香料の違いはまさに味の違いなのである（色の違いが味に与える影響はまた後で取り上げる）。

触覚の対象

嗅覚の次にわかりやすい影響は触覚だろう。味蕾を刺激する成分が同じでも、食べ物の硬さが違っていれば、違った味として感じられる。このことは日常的な体験からも明らかだ。歯ごたえや舌触りも飲食を楽しむうえで重要な要素になっている。

また、温度も味に影響する。熱々のカレーと比べると冷えたカレーはあまり辛くないし、いつもは冷たくして飲んでいるジュースを常温で飲むと甘すぎるように感じられる。

細かく言えば、温度が味に与える影響はいくつかの種類に分けられる。まず、低い温度では味蕾が働かないのであまり味が感じられないという場合がある。味蕾に触れる物質は同じでも、味蕾がうまく働くかどうかで味が変わってくるのだ（スペンス［二〇一八］五六頁）。それとは別に、温度が違えば食べ物から揮発する分子の量が変わり、それによって嗅覚器官を刺激する分子の量が変わる場合もある。この場合には嗅覚受容体の反応の違いが味の違いを生み出しているだろう（ハーツ［二〇一八］七四頁）。

ここで、温度と辛味の関係についてもう少し説明しておこう。日常的な言い回しでは辛さも味の一種だが、前述の味蕾で感じられる味のなかに辛さは入っていなかった（味蕾が捉えるのは、甘味・塩味・苦味・酸味・うま味）。むしろ、感覚器官の観点からすると辛さは触覚に分類される。たとえば、トウガラシの辛味成分であるカプサイシンに反応するセンサー（TRPV1）は、四三度以上の熱によっても反応する。トウガラシを食べたときに感じる辛さは「熱い」とも言われるが、その刺激は本当に熱センサーで捉えられているのだ。そして、このセンサーは嗅覚や味覚ではなく触覚に関する神経によって脳に情報を伝えている（ちなみに、このことを発見したデヴィッド・ジュリアスは、この研究で二〇二一年にノーベル生理学・医学賞を受賞している）。

また、ミントに反応するセンサー（TRPM8）は、二六度以下の「冷たい」刺激に反応する。感覚センサーの観点からすると、これらの調味料の味は触覚で感じられているということになるだろう（ホルムズ［二〇一八］第三章）。この他にもさまざまなセンサーがある（表

表 1-1　温度感受性TRPチャネルを活性化するスパイスとその活性化成分、及び各スパイスの味わいの特徴（川端［2013］表1をもとに一部修正）

温度感受性TRPチャネル	活性化温度閾値	スパイス	活性化成分	各スパイスの味わいの特徴
TRPV1	43℃＜	トウガラシ	カプサイシン	舌を焼くような刺激的な辛味
		CH19甘	カプシエイト（カプシノイド）	ピーマン様の香りと無辛味
		生姜	ジンゲロン、ジンゲロール、ショーガオール、	新鮮さ、花、柑橘、木、ユーカリのにおいが混じった爽やかな香りとシャープな辛味
		黒コショウ	ピペリン	新鮮さ、柑橘、木、温かさ、花のにおいが混じった総合的な香りとキレの鋭い辛味
		クローブ	オイゲノール	強く甘い香りと舌を刺すような刺激的な苦味と辛味
		山椒	サンショオール	すがすがしい香りと、ヒリヒリ、ジンジンするような痺れをもたらす独特の辛味
		ワサビ	アリルイソチオシアネート	鼻に抜ける鋭く軽やかな辛味
TRPV3	32〜39℃＜	タイム	チモール	清涼感のある強い香りと突き刺すようなスパイシーな苦味
		オレガノ	カルバクロール	樟脳に似た野性味豊かな強い香りと淡い苦味
		サボリー	カルバクロール	タイムよりさらに強い独特の香りと刺激的な苦味
		クローブ	オイゲノール	強く甘い香りと舌を刺すような刺激的な苦味と辛味
TRPM8	＜28℃	ペパーミント	メントール	清涼感のある爽やかな独特の香り
		ローレル	シネオール	木、花、ユーカリ、クローブのにおいがうまく調和した香りとわずかな苦味
		ローズマリー	シネオール	木、松、花、ユーカリ、クローブなどのにおいが混じった強い香りとほろ苦い風味
TRPA1	＜17℃	ワサビ	アリルイソチオシアネート	鼻に抜ける鋭く軽やかな辛味
		シナモン	シンナムアルデヒド	清涼感のあるキリリとした芳香と甘味にわずかに辛味が絡み合った独特の風味
		ニンニク	アリシン、ジアリルジスルフィド	強烈な独特の香り
		ミョウガ	ミオガジアール、ミオガトリアール	独特の香りと苦味
		黒コショウ	ピペリン	新鮮さ、柑橘、木、温かさ、花のにおいが混じった総合的な香りとキレの鋭い辛味

1-1を参照)。

ところで、激辛好きの人を見て不思議に思ったことはないだろうか。かなり辛いものは食べると口の中が痛くなってしまうのに、なぜそこまでの刺激を求めるのか。その理由は、痛みによって脳内でβ-エンドルフィンが分泌されるからだという。その物質は痛みを和らげる作用があるだけでなく多幸感や陶酔感をもたらし、麻薬のような依存性もある。激辛料理を食べると痛みが感じられるが、それを抑えるためにβ-エンドルフィンが分泌され、痛みが和らいだ後に多幸感が生まれる。それが中毒になるのだ(山本[二〇一七]九四~九五頁)。

余談として、鳥の味覚についても触れておこう。鳥を飼っている人は知っているだろうが、鳥の餌《えさ》としてトウガラシが売られている。鳥はトウガラシがもつカプサイシンを感知する受容体をもっておらず、トウガラシを食べても辛さを感じないのだ(リンデン[二〇一六]一五一~一五二頁)。

まだまだ「低級」?

ここまで、私たちが普段感じる味には味覚・嗅覚・触覚が関わっていることを説明した。知覚に関する生理学的事実を踏まえると、私たちが普段「味」と呼んでいるものが味覚だけで知覚されるものでないことは明らかだ。

だが、これだけでは「味は美的な評価の対象にならない」と主張する人を完全に説得することはできない。というのも、ここまで取り上げた三つの感覚はどれも低級感覚と言われていたものだからである。低級感覚では美的な評価は下せないと主張する人は、低級感覚が三つ集まっても何も変わらないと言うだろう。やはり、美的な評価を下せるのは視覚と聴覚という高級感覚だけだと言うのだ。

そのため次に、視覚と聴覚も味の知覚に寄与していることを示したい。それが示せれば、先述の人も味が美的な評価の対象であると認めざるをえなくなるだろう。味は高級感覚でも知覚されていることになるからだ。

3　多感覚知覚

視覚や聴覚も味の知覚に関わると主張するために、少し遠回りになるが、「多感覚錯覚」と呼ばれる現象をいくつかみてみたい。それは、ある感覚の影響で別の感覚に錯覚が起きるというものである。この現象をみれば、それぞれの感覚は独立に働いているわけではないことがわかる。そこまで理解できれば、視覚や聴覚もその他の感覚と協働して味の知覚に寄与していると主張するまであと一歩だ（以下の説明は O'Callaghan［2017］chap. 3 に基づいている）。

情報の統合

まず、最もわかりやすい例として「腹話術効果」を説明しよう。その名の通り、腹話術を鑑賞するときに起きている錯覚である。腹話術では、腹話術師が持っている人形の口から声が出ているように聞こえるが、実際の声は腹話術師が出している。もちろん、観客もそれを知っているが、それでも人形から声が聞こえてしまう。腹話術師が口を動かさず人形の口が動いている様子を見ることで、声がする場所が変わってしまうのだ。

こうした錯覚はなぜ起こるのか。説明の鍵となるのは「情報の統合」だ。

腹話術の場合、聴覚情報と視覚情報に食い違いがある。聴覚では音は腹話術師の口から出ているという情報が得られるが、視覚的にはそうではない。腹話術師の口は動いておらず、むしろ、人形の口が動いている。視覚では、音を出す出来事は腹話術師ではなく人形の方で起こっているという情報が得られているのである。

もちろん、実際に声を出しているのは腹話術師なのだから聴覚的な情報の方が正しく、視覚的な情報は誤っている。しかし、私たちの知覚システムはそのように判断しない。むしろ、視覚が正しく聴覚が間違っているという判断を下す。その結果、視覚情報が優先され、音が人形の口の方から発せられているかのように聞こえ方が修正されてしまうのだ。

なぜ視覚情報が優先されるのか。その理由は、一般的に空間的な情報に関しては聴覚よりも視覚の方が信頼できるからである。たとえば、ある地点Aとそこから一センチ離れた地点Bにそれぞれ爆竹が置いてあるとしよう。そして、どちらか片方が爆発するとする。二つの爆竹を見ているなら、どちらが爆発したか一目瞭然だ。しかし、爆竹に背を向けてどちらが爆発したかを耳で当てるとしたらどうだろうか。簡単にはわからない。もちろん、この課題を何回も繰り返せば聴覚でも区別できるようになるかもしれない。だが、視覚ではそうした訓練を積まずに難なく区別できる。

この例からわかるのは、視覚の方が聴覚よりも正確な位置情報を得られるということだ（専門的な言い方をすれば、視覚の方が聴覚よりも「空間分解能が高い」）。そうすると、空間に関する視覚情報と聴覚情報が食い違っている場合、視覚情報の方が正確である可能性が高い。そのため腹話術の場合には視覚情報が優先され、音の聞こえ方が変化してしまうのである。

ちなみに、これとは逆の錯覚もある。有名なのは「ダブルフラッシュ錯覚」というものだ。これは、フラッシュが一回光るあいだに短い音を二つ聞くと、二回フラッシュしたように見えるというものである。この場合には、一回光ったという視覚情報と二回音がしたという聴覚情報が比較され、聴覚情報が優先された結果、二回フラッシュしたように見えてしまう。なぜこの場合は聴覚が優先されたかというと、短い出来事が何回起きたかという時間的な情報に関しては視覚よりも聴覚の方が信頼できるからだ。

腹話術効果の場合もダブルフラッシュ錯覚も、情報の統合の結果として錯覚（間違った知覚）が生まれてしまっている。だが、情報の統合は間違いを生み出すためになされているわけではない。むしろ、通常ならうまくルールにしたがって行われる統合が、例外的な条件のために誤りを生み出しているのである。そこで使われている統合の規則（空間なら視覚を優先、時間なら聴覚を優先）は、多くの場面ではうまくいくものであり、通常であればより正確な情報を得られるものなのだ。

以上のような多感覚錯覚をみると、私たちの知覚システムは普段から情報の統合を行っていることがわかる。錯覚ではなく対象を正しく捉えている場合でも、それぞれの感覚は別々に情報を得ているのではない。私たちが通常行っている知覚は、それぞれの感覚が協働する多感覚知覚なのである。

共感覚

ここまでの多感覚知覚の話を読んで「共感覚《きょうかんかく》のことか」と思った人がいるかもしれない。しかし、先ほど説明した多感覚知覚は共感覚ではない。ここで、これら二つがどう違うか説明しておこう。それにより多感覚知覚がどういうものか（そして、どういうものでないのか）

より良く理解できるはずだ。

共感覚とは、音を聴いたときに色が見えたり、舌に味を感じたり、食べ物を味わったときに手に形を感じたりするといったものだ。つまり、一つの刺激で複数の感覚が働くというものである。

「共感覚」と呼ばれるもののうちのいくつかは単なる連想かもしれない。たとえば、甲高い声は「黄色い声」と言われるが、多くの人は甲高い声を聞いても黄色い何かが本当に見えるわけではない。それでも「黄色い声」という慣用句を知っているために、「甲高い声」といえば「黄色」という連想がなされるのかもしれない。

しかし、こうした連想とは異なり、音を聴いて本当に色が見える人もいる。その証拠に、共感覚者の脳を調べた研究では、一つの刺激で二つの異なる脳領域が働くことが明らかになっている。音を聴いたとき、多くの人は聴覚に関する脳領域しか働かないが、音と色の共感覚をもつ人は色に関する脳領域も働いているのだ（長田［二〇一〇］）。

共感覚はなぜ起こるのだろうか。それを説明する仮説がいくつか提案されている（以下は、サイトウィック＆イーグルマン［二〇一〇］二七九〜二八一頁）。

一つの仮説は、神経接続の「刈り込み」が関与するというものだ。この仮説によると、人間は生まれたときにはさまざまな脳領域が過剰に接続されているが、成長するにしたがって不要な接続が刈り込まれる。しかし、共感覚者はこの刈り込みが不十分であり、音に反応する脳領域と色を見たときに反応する脳領域の接続が残ってしまっている。そのため、音を聴いたときの脳領域の反応が色に関する領域に伝わってしまい、音を聴くと色が見えるというのである。

刈り込み仮説では、共感覚者とそれ以外の人では脳の神経接続が異なっていると考えられている。共感覚者の接続は過剰だとされているのだ。これに対し別の仮説は、共感覚者もその他の人も神経接続は同じだと主張する。違いは、ある脳領域の反応で別の脳領域の反応が「抑制」されるかどうかだ。

音が耳に入ると聴覚野が反応し、その反応は言語や記憶などに関わる高次の領域に伝わり、高次の領域で聴かれた音が何を意味しているのかが理解される。他方で、そうした高次の領域には視覚野の反応も伝えられている。眼に何かが映るとまず視覚野が反応し、その反応が高次の領域に伝えられ、そこで眼に入ってきたものの意味が理解されるのである。このように高次の領域は視覚野にも聴覚野にも接続されているが、通常は視覚野の反応が高次の領域を介して聴覚野に伝わることはない。そうした反応が伝わらないような「抑制」があるのだ。だが、共感覚者ではその抑制がうまく働かず、聴覚野の反応が高次の領域を介して視覚野に伝わってしまう。そのため、音を聴くことで色が見えてしまうというのである。

また別の仮説は、脳の「可塑性《かそせい》」に言及している。「可塑性」とは、一度できた神経接続の変化のしやすさのことだ。たとえば、子供のときに赤い色をしたJの文字を見たとしよう。そのとき、赤さに関わる神経と文字Jに関わる神経が同時に活動する。他方で、脳には同時に活動した領域の接続が強まるという特徴がある（ヘッブの法則）。そのため、赤さに関わる神経とJに関わる神経の接続が強まる。通常こうした接続は、他の色のJを見たり別の赤いものを見たりすれば弱くなるが（可塑性）、共感覚者はそれが弱まらず赤さとJの結びつきが固定されてしまうというのだ。

機能の違い

これらの仮説のうちのどれが正しいのかは今後の研究に委ねられるだろう。とはいえ、ここで重要なのはどちらの仮説が正しいかではない。重要なのは、どの仮説が正しくとも、共感覚が起こる仕組みは多感覚知覚が起こる仕組みとは異なっているということである。

共感覚を説明する三つの仮説では、共感覚が起こるのは例外的な条件のためとされていた。通常なら行われるはずの刈り込み、抑制、可塑性が少ないため、ある脳領域の反応が別の脳領域の反応を生み出してしまうということになっていた。つまり、ある感覚の反応が別の感覚に漏れ出てしまうと言われているのである。

これに対し、多感覚知覚は反応の漏れではない。多感覚知覚の場合、それぞれの感覚が対象からの情報を受け取り、そのうえで、それぞれの感覚が得た情報が統合されている。前述の通り、情報の統合はより正確な情報を得るために通常行われているものである。他方で共感覚は、より正確な情報を得るためのものではなく、例外的に生まれてしまうものである。多感覚知覚と共感覚は、複数の感覚が働くという点は同じでも、機能や目的の点で区別できるのだ。

4　眼と耳で味わう

長々と多感覚知覚がどのようなものか説明してきたが、そこでわかったのは次のことだ。ある感覚の影響で別の感覚の知覚に錯覚が起きる場合、それらの感覚のあいだに情報の統合がある。錯覚の場合その情報の統合は失敗しているのだが、統合そのものは対象についてのより正確な情報を得るために通常行われているものである。

以上を踏まえると、視覚や聴覚の影響で生まれる味の多感覚錯覚があるなら、視覚と聴覚も味についてのより正確な情報を得るために通常使われていると言うことができる。そして、そうした錯覚とみなせる例は実際にある。いくつか紹介しよう。

音で味が変わる

まず、イグノーベル賞をとったチャールズ・スペンスの研究を紹介しよう。それは「ソニックチップ」という名前でよく知られている（スペンス［二〇一八］一六頁、ハーツ［二〇一八］一七六〜一七七頁）。

その実験の参加者はマイクとイヤホンをつけてポテトチップスを食べる。マイクは口のなかでポテトチップスが嚙《か》み砕かれたときの音を拾っており、その音はイヤホンから聞こえるようになっている。つまり、実験参加者は自分の咀嚼音を聞くのだ。ただし、イヤホンから流れる音はさまざまに加工することができる。参加者が聞く咀嚼音は、音量や周波数が上げられたり下げられたりしているのだ。

音を加工したときに何が起きただろうか。まず、音量や周波数が上げられた咀嚼音を聞いたときには、ポテトチップスは新鮮でパリパリしておいしいと評価された。これに対し、音量や周波数を下げた場合には、しなびていておいしくないと評価された。賞味期限が切れているか開封後時間がたったものだと思った実験参加者は全体の四分の三もいたという。しかし、参加者が食べたポテトチップスはすべてその場で開封したものだった。音量と周波数を上げた咀嚼音を聞いた場合でも、それらを下げた咀嚼音を聞いた場合でも、新しいポテトチチップスが食べられていたのである。

この実験が示しているのは、聴覚で感じられた音によって触覚で感じられる食感に錯覚が起きるということだ。この実験と前述の多感覚知覚の話を合わせると、聴覚と触覚は口に入れた食べ物の食感に関して情報調整を行っているということになる。食感は多感覚的に知覚されているのである。

そして、食感は普段感じられる味の重要な要素の一つとなっていた。そうであるなら、私たちが普段感じている味には聴覚が得た情報も含まれているということになる。味は耳でも感じられているのだ。

見た目で味が変わる

次に視覚を検討しよう。食べ物の情報を最初に得る感覚が視覚であることは非常に多い。嗅覚が先に反応することもあるが、においが強くない食べ物であれば、最初にその色や形が目に入る。そして、こうした視覚情報も味に影響することを示す例がある。

まず、形に関する印象的なエピソードを紹介しよう。イギリスのお菓子メーカーであるキャドバリーは、二〇一三年に「デイリーミルク」というチョコレートバーの形を変更した。以前は角張った形をしていたが、丸みを帯びたものになったのである。そうすると、「甘すぎる」「しつこい」「前の方がおいしかった」というクレームが寄せられたそうだ。形を変えることで量が数グラム減ってはいたが、メーカーはチョコレートのレシピに変更はないと主張した。この例が示しているのは、形によって味が変わるということだ。丸い形の方がより甘く感じられてしまうのである（スペンス［二〇一八］八五～八六頁、ハーツ［二〇一八］一六八頁）。

形だけでなく色も味に影響する。たとえば、ピンクに着色した液体と緑に着色した液体では、緑の方が糖分が一〇％多かったとしても、ピンクの方が甘く感じられる。また、オレンジ色のマウスウォッシュと青色のマウスウォッシュでは、たとえ有効成分の配合が同じでも、青の方がより渋く感じられるという（スペンス［二〇一八］八一～八二頁）。

さらに、色はにおいも変化させる。たとえば、チェリー、オレンジ、ライムのジュースを薄め、においだけでそれぞれを区別することは困難にしても、チェリーを赤色、オレンジジュースをオレンジ色、ライムを緑色に着色すると、においで区別できる確率が上がる（増田［二〇一二］一三一頁）。本章の第2節で述べたように、私たちが普段経験する味の大半はにおいからできていたので、色によるにおいの変化は、そのまま味の変化ということになるだろう。

こうした色の影響は、専門知識がある人でも避けられないようだ。ここで、ワインの色に関する意地悪な実験を紹介しよう（Morrot et al. [2001]、以下の要約はグッド［二〇一八］一四〜一六頁、シェファード［二〇一四］一九七〜一九九頁、ハーツ［二〇一八］一四〇頁に基づく）。

その実験にはボルドー大学醸造科の学生五四人が集められた。ソムリエほどではないにしても、それなりに専門知識をもっている人たちだ。参加者には赤ワインと白ワインが配られ、それを飲んで評価してもらった。もちろん、二つのワインは違ったように評価された。参加者は数日後にも集められ、まったく同じ赤ワインと白ワインを飲んだ。ただし今度は白ワインが味に影響のない着色料で赤くされていた。すると、本物の赤ワインと着色された白ワインの味や香りが同じ言葉で表現されたそうである。数日前に着色されていない白ワインを飲んだときにはその味や香りが「蜂蜜」「メロン」「バター」といった白ワインの表現としてよくある言葉を使って表されたが、赤く着色した白ワインの味や香りは「タバコ」「チョコレート」「チェリー」といった赤ワインによく使われる言葉で表現されたというのである。

以上のように、食べ物の色や形、つまり見た目も味に影響する。食べ物がどのように見えるかで、どのような味に感じられるかが変化してしまうのだ。そうすると、見た目という視覚情報も文字通りの意味で味の一部となっていると言えるだろう。だからこそ食品メーカーは昔から食べ物の見た目にこだわっているのだ（食べ物の色の重要性をめぐる歴史的事情については久野［二〇二一］を参照）。

期待と注意

ここで、視覚の影響は聴覚の影響とは少し違っているのではないかと思った人もいるかもしれない。聴覚の場合、食感と音には対応関係がありそうだ。パリパリするものとふにゃふにゃしたものでは、前者の方が嚙んだときに大きい音や高い音がする。そのため、音を大きく高くしたときにパリパリさが増すように錯覚するのは納得できる。これに対し視覚の場合、丸いものは角張ったものよりも必ず甘いわけではなく、赤いものが緑のものより必ず甘いわけではない。それなのになぜ丸かったり赤かったりする方がより甘く感じられるのだろうか。

視覚から味への影響には期待や知識が重要な役割を果たしていると言われる（ハーツ［二〇一八］一四三〜一四四頁、一六九〜一七〇頁）。果物がわかりやすいように、甘いものは丸いことが多い。私たちは丸さと甘さを両方もつものを何度も食べているうちに、丸いものは甘いという期待を抱くようになってしまっている。そのため、丸い食べ物を見ると甘いのではないかと期待され、その期待が影響してより甘いと思ってしまうというのだ。同様に、熟した果物は赤くて甘いが、熟してない果物は甘くなく青や緑であるという経験則を身につけていると、赤いものを見たときに甘さが期待されるのだ。

ワインの場合には注意も関与しているだろう。ワインの専門家はさまざまなワインの味を区別する必要があり、ワインのどこに注意を向ければそのワインらしい特徴を把握できるか、その注意の向け方を熟知している（バーウィッチ［二〇二一］二九三頁）。そして、ワインを区別するための手がかりとして色についての視覚情報も利用される（久保［二〇一四］三三〜三三頁）。こうした視覚情報は、ワインを口に入れる前の段階で味覚の注意を方向づけるだろう。ワインが赤く見えたら、赤ワインらしい特徴を探すように注意が働く。すると、たとえ口のなかに白ワインが入っていても、白ワインらしい特徴に注意が向かなくなってしまう。というのも、私たちが一度に向けられる注意には限りがあるからだ（シェファード［二〇一四］一九九〜二〇〇頁）。赤く着色した白ワインを赤ワインのように感じてしまった間違いは、視覚情報を利用する訓練をしてきた専門家だからこそ起きてしまったものなのである。

眼と耳をふさぐべきか？

ここまで、飲食物の見た目を変えると味が変わるという錯覚をいくつか紹介した。こうした錯覚は、通常ならうまくいく規則が特殊な条件のもとで使われていることを示している。錯覚でない場面でも、眼や耳で捉えた情報は舌で捉えた情報と統合され、私たちが普段「味」と呼ぶものができあがっているのだ。

だが、以上の議論を読んでも、眼や耳の影響を否定したい人がいるかもしれない。そうした人は眼と耳をふさいで感じられるものこそ「本来の味」だと言うだろう。最後に、こうした人に対するダメ押しを述べておこう。

二〇〇〇年代のはじめ、暗闇のなかで料理を食べる「ブラインド・レストラン」というものがあったが、そこに来た客は普通のレストランよりも少ない量しか食べなかったという。また、目隠しをして食事をする実験では、普段より二五パーセントほど摂取カロリーが少なかったそうだ（ハーツ［二〇一八］一四六頁）。暗闇のなかでは食べる量だけでなく味やおいしさの感じ方が変化してしまうことを示す実験もいくつかある（川崎［二〇二二］三八頁を参照）。こうした変化の原因は、まさに見えないことにあるだろう。食べているものが見えないと、何を食べているか不安に思ってしまい、安心して口に運ぶことができないのだ。もちろん、レストランに来た客も実験の参加者も、レストランや実験で危ないものを食べさせられるはずはないと確信できている。それでも、見えないことで食べる量や感じられる味に影響が出てしまうのだ。

この例からわかるのは、視覚の遮断そのものが味に影響を与えてしまうということである。目隠しをすれば視覚の影響を排除した「純粋な味」が感じられるようになるわけではない。食べ物が見えないときに感じられるのは、拭えない不安を帯びた味なのだ。聴覚にも同じことが言えるだろう。そうすると、目隠しや耳栓をして感じられる味は口のなかで働く感覚

（味覚・嗅覚・触覚）だけで感じられた「味そのもの」ではないことがわかる。そこで感じられているのは、通常なら眼や耳を使って得られた情報が欠如した、情報の少なさによる不安に影響された味なのである。

「純粋な味」はない

以上からすると、舌ないし味覚のみで感じられ、かつ、他から影響を受けない「純粋な味」などありそうにない。多感覚知覚は私たちの知覚システムが自動的に行っているものであり、それぞれの感覚が得た情報は私たちの意志とは独立に勝手に統合されてしまう。いくら努力しても、味覚だけに集中して食べ物を味わうことは不可能なのである。

確かに、味覚だけが働いている状況というものは理解できる。それぞれの感覚には対応する神経システムがあり、ある感覚が働かなくなっても別の感覚まで働かなくなるわけではないからだ。視覚に関わる神経システム（眼球、網膜、視神経、脳の視覚野）が何らかの理由で働かなくなったとしても、聴覚システム（鼓膜《こまく》、蝸牛《かぎゅう》、聴覚神経、聴覚野など）は働き続け、依然として音は聞こえるだろう。同様に、味覚以外が失われ、他の感覚から独立して味覚が単独で捉えた味が感じられる状況があると理解することができるように思われる。

だが、そこで感じられる味を私たちは本当に想像できているのだろうか。風邪をひいて鼻が詰まっただけで味がよくわからなくなるのに、見た目も咀嚼音も感触も温度もともなわない味がどんなものか本当に思い浮かべられるだろうか（村田［二〇一九］一五頁では、そうした純粋な味を想定する「要素主義」が批判されている）。

かりに想像できたとしても、そうした「純粋な味」は、私たちが普段の生活のなかで「味」と呼んでいるものとは大きく異なっているだろう。私たちが普段経験する味、そして、「味とはこういうものだ」という日常的な味概念は、五感で感じられた味をもとに作られている。ポテトチップスの味は、その色や噛んだときの音を含めたものとして理解されているのだ。

まとめ――味覚だけでは味わえない

本章で検討したのは「味は美的な評価の対象にならない」という考えである。その根拠は、「味を捉える感覚（味覚）では美的な評価は下せない」「美的な評価を下すことができるのは視覚と聴覚だけだ」というものだった。本章はこの主張に反対し、私たちが普段感じる味も美的な評価の対象になるものだと主張した。

その根拠となったのは多感覚知覚である。私たちがもつ知覚システムは、対象についてのより正確な情報を得るためにそれぞれの感覚が得た情報を統合している。そのため、私たちが普段感じる味も、視覚や聴覚から得られた情報が統合されたものだと言える。そうすると、美的な評価が視覚や聴覚を使って下されると認めるなら、味も美的な評価の対象だということも認めなければならない。というのも、味は味覚だけでなく視覚や聴覚を使って、もちろん嗅覚と触覚も使って、五感で捉えられたものだからである。味覚だけで捉えた「純粋な味」を感じる機会など日常生活のなかにはないのだ。

また、以上の議論からすると、「料理に一番大事なのは味で、見た目は二の次だ」といった考えも（よく見かけるが）間違いだとわかるだろう。本章の議論からすれば、料理の見た目は味と切り離して二番目に評価できるものではない。見た目も味の一部であり、見た目の違いは文字通り味の違いなのだ。

第2章　食の評価と主観性

前章では、私たちが普段感じている味は美的な評価の対象になると主張したが、美的な評価が一体どういうものなのかは詳しく説明していなかった。本章と次章では、その説明に取り組むことにしよう。さらにこれら二つの章では、「食の評価には主観的な側面と客観的な側面の両方がある」と主張したい。

この主張は意外に思われるかもしれない。というのも、「味覚は主観的」とよく言われるからだ。味の評価、つまり、おいしいかどうかは完全に個人の主観に依存し、客観的な側面などないと思う人も多いだろう。しかし本書では、食の評価に関する私たちの行動や理解を丁寧にたどっていけば、客観的な側面があることがわかると主張する。

重要なのは「丁寧にたどっていけば」というところだ。私たちは普段、味の評価について意見が合わなかったとき、すぐさま「好みの違いだね」と言って話を終わらせてしまう。しかし、なぜ意見が合わなかったのか、その原因が何にあるのかを確認していけば、評価に客観性があることが明らかになるだろう。

ちなみに、哲学的な考察の特徴の一つはこうした細かい確認作業にある。自分の考えがどのような根拠から支持できるのかを確認していくことだ。それが確認できれば、きちんと納得してその考えを支持することができるし、また、自分と正反対の意見をもつ人を説得するための材料も手に入る。逆に確認を怠ると、不可解な結論につながる考えを受け入れてしまうかもしれない。本章と次章では「おいしい」といった評価を例として、そうした「主張の根拠を確認・吟味する」作業としての哲学のあり方を示そう。

1 評価と記述

さまざまな「おいしい」もの

まず、「おいしい／まずい」といった言葉の使い方と「甘い／辛い」といった言葉の使い方の違いから確認しよう。

次の例を考えてもらいたい。ネットやテレビで取り上げられていた話題の中華料理店に友達数人と行ったとする。回転式の円卓にみんなで座り、麻婆豆腐《マーボー》、酢豚、春巻、餃子《ギョーザ》、炒飯《チャーハン》などを分けて食べ、デザートには杏仁豆腐《あんにん》を食べた。評判が良いだけあってすべておいしかった。料理に関する知識はそこまでないので「この麻婆豆腐は特別な花椒《かしょう》を使っているな」みたいな判断は下せなかったが、ともかく「どれもおいしい」と思った。

それらはどれも「おいしい」のだが、もちろん、すべて同じ味をしているわけではない。麻婆豆腐は辛く、杏仁豆腐は甘い。この二つだけをみても、「おいしい」という判断と「辛い」や「甘い」といった判断を同一視できないことがわかる。というのも、もし「おいしい」イコール「辛い」なら、辛さがまったくない（むしろ甘い）杏仁豆腐はおいしくないことになってしまうからだ。同様に、「甘い」イコール「おいしい」なら、麻婆豆腐はおいしくないということになる。しかし実際には、辛い麻婆豆腐も甘い杏仁豆腐も「おいしい」と言われている。他にも、甘かったり、辛かったり、酸っぱかったり、苦かったり、さまざまな味の「おいしい」ものがあるだろう。

同じことは「まずい」にも当てはまる。うまく作れた杏仁豆腐は「甘くておいしい」と言われるが、分量を間違えて砂糖を入れすぎてしまうと「甘すぎてまずい」と言われてしまう。

また、「苦い」と言われる食べ物は一見まずそうだが、ビターチョコレート、コーヒー、ビールなど、苦くて「おいしい」ものはたくさんある。

そうすると、「甘い」「辛い」「酸っぱい」というだけでは「おいしい」かどうか決まらないことがわかるだろう。「甘い」と言われるもののなかに「おいしい」ものと「まずい」ものがある。「辛い」「酸っぱい」などについても同じだ。

以上を踏まえると、「おいしい」「まずい」という言葉と、「甘い」「辛い」といった言葉は、カテゴリーが違うものだと考えられる。別の言い方をすると、ある食べ物が「おいしい」かどうかを判断するときと、「甘い」かどうかを判断するときには、違う基準が使われているということだ。

では、その違いとは何だろうか。それは判断の種類の違い、評価と記述の違いである。「おいしい／まずい」は評価的判断であり、その判断には、対象がどう評価されたかが表されている。他方で、記述的判断は物事のあり方を単に述べたものである。次に、この違いをより詳しく説明しよう。

評価的判断

評価は価値を捉える心の働きである（「評価的判断」を適宜「評価」に省略する）。簡単に言えば、良いか悪いか判定することだ。そして、「良い」と肯定的に評価されるもの（肯定的な価値をもつとみなされるもの）は、なるべく増やしたいものだろう。たとえば、「規則正しい生活は健康に良い」という評価では、「規則正しい生活」がもつ「良さ」という価値が捉えられている。その価値を捉える（理解する）ことができると、「なるべく規則正しい生活をしよう」と思うだろう。同様に、「他人に親切にするのは良い」と判断したら、なるべく親切な行動をしようと思うはずだ。

他方で、「悪い」と評価されるもの（否定的な価値をもつとみなされるもの）は、なるべく減らしたいものである。「お酒の飲み過ぎは健康に悪い」と判断したら過度な飲酒を控えようと思うし、「夜中に大声で歌うと近隣住民に迷惑がかかって良くない」と判断したら夜中に歌うのを控えるだろう。

一般化すると次のようになる。対象を肯定的なものとして評価するとき、評価されている対象との関わりを増やす行動が促されている。良い物事はなるべく増やしたいのだ。他方で、否定的な評価では、評価されている対象との関わりを減らす行動が促されている。悪い物事にはなるべく近づきたくないだろう。

もちろん、良いまたは悪いと評価したとしても、それに沿った行動が必ず実行されるとは限らない。規則正しい生活が良いと理解していても夜更かしや寝坊をしてしまうこともあるし、過度な飲酒は健康に悪いと思いつつ飲み過ぎてしまうこともある。それでも、できることなら実行したい、実行できないのは自分の意志が弱いためだ、とは思えるだろう。価値は、それを理解した人に一定の行動を促す力をもっている（可能なら実行したい気持ちにさせる）が、促された行動が必ず実行されるとは限らないのだ。

記述的判断

次に、記述的判断を説明しよう。典型例は、郵便ポストを見たときに下す「これは四角い」「それは赤い」といったものだ。こうした判断は対象がもつ価値中立的な特徴を述べている（記述している）ものである。先ほど価値を行動を促す力として説明したが、色や形そのものはそうした力をもっていない。対象が赤かったり四角かったりすること自体は、私たちに何らかの行動を促すわけではないのである。

これに対し、ポストの赤さや四角さも行動を促すと思った人もいるかもしれない。手紙を出そうと思っている人が赤くて四角いものを見つけたら、ポストだと思って投函《とうかん》したくなるではないか、ということだ。だが、投函したくなることに色や形は無関係である。投函を促しているのは赤かったり四角かったりしていることではなく、対象がポストであることだ。その証拠に、ポストが円柱形だったり灰色だったりしても、それがポストと認識されたなら投函が促されるだろう。

別の例として、信号機を考えてみよう。車でも歩行者でも、青になると進む行動が促され、赤では止まる行動が促される。しかし、こうした行動を促しているのは色そのものではない。そうした行動が促されるのは、「青は進め、赤は止まれ」という交通ルールを身につけているためである。この点をより理解するために、もし交通のルールが逆だったらどうなっていたか考えてもらいたい。そうした状況では、その交通ルールを学習して青で止まって赤で進むようになっていただろう。また、青色のペンキで「この先行き止まり」と書かれた看板を見た場合を考えてもいいかもしれない。きっと、そこで止まって引き返すはずだ。青という色そのものは進む行動を促していないのである。

ひょっとするとここで、「牛は赤い色を見ると興奮して突っ込んでくる」といった話を思い出した人もいるかもしれない。その話からすると、赤さが攻撃という行動を促している、色そのものが一定の行動を促すこともある、と思われるだろう。しかし、実際のところ牛の色覚は人間とは異なっており、牛は私たちが見るような鮮やかな赤さを見ることはできない。闘牛で牛が赤い布に突っ込んでいくのは、色そのものの影響ではなく、闘牛士が布をひらひらさせて牛を挑発しているためである。

また別の疑問として、好みはどうなのかと思った人もいるかもしれない。たとえば、形とサイズと機能性が同じで色が違う二つの靴がある場合、好みの色の方が買いたい気持ちにさせる。この場合、色が購買という行動を促しているのではないか。だが、こうした好みは評価の主観性に関わるものであるので、後で詳しく取り上げることにしよう。

2 評価とセンス

食に関する評価と記述

話を食に戻そう。「おいしい」「まずい」は食べたものに対する評価である。そうした評価では一定の行動を促す価値が捉えられている。ラーメンを「おいしい」と思ったからこそ、替え玉を注文してさらに食べ続けようという欲求が生まれる。反対に、「まずい」と思ったらそれ以上食べたくなくなるはずだ。

先ほど述べた通り、促された行動が必ず実現されるとは限らない。「おいしい」と評価したラーメンはもっと食べ続けたいが、健康が気になって替え玉が注文できないこともある。味だけならもっと味わいたいのだが、そのためには多くの塩分や脂質や糖質を摂取しなければならず、それは体に悪いので食べられない。だがその場合でも、さらに味わい続けたい気持ちがあることは確かだろう。

注意すべきだが、「おいしいものは食べ続けたい」からといって「食べ続けたいものはおいしい」とは限らない。というのも、おいしくなくても、空腹を満たすために食べることもあるからだ。また、健康のために「まずい」ものを食べる場合もある。こうした場合に食べる行動をとらせているのは味ではなく、空腹を満たしたいという欲求や、健康に関する知識や配慮だろう。

他方で、「これは甘い」といった判断は、それ自体は記述的なものである。「これは甘い／辛い／酸っぱい」だけでは、判断されている対象が良いのか悪いのかはわからない。先ほど述べた通り、甘くておいしいものもあれば、甘くてまずいものもあるからだ。「これは甘い」という判断は、食べたものが甘さという特徴をもつと述べているだけであり、評価から中立的である。

いくつか注意点を述べておこう。まず、「甘い」「辛い」は記述的でも、「甘ったるい」や「辛すぎる」には程度に関する否定的な評価が含まれている。甘さも辛さも酸っぱさも苦さも、適度なものは良い評価を与えるが、度を越したものは否定的に評価される。程度は評価に直結するのだ。他にも、「甘さと酸っぱさのバランスがとれている」の「バランスがとれている」も、程度に関する評価を表しているだろう。

また、「甘い」などの言葉そのものは評価から中立的でも、その言葉が評価的な意味合いを帯びたものとして使われることがある。たとえば、杏仁豆腐を一口食べた人が笑顔で「甘い！」と言ったなら、その様子は「おいしい」と言っているようなものだと受け取られる。その理由は、「甘い」という言葉そのものではなく、「甘い」と言った人の笑顔やそのときの口調が肯定的な評価を表しているためである。同様に、麻婆豆腐を一口食べた人が「辛い！」と言って顔を歪《ゆが》めた場合、その表情や口調は「まずい」とか「これ以上食べたくない」を意味しているだろう。

他方で一見記述的にみえるが評価的な言葉もある。たとえば、「濃厚」「まろやか」「爽やか」といったものだ。これらが評価的であるのは、まずいものに対しては通常使われない言葉だからである。「濃厚」と言われる食べ物を記述的な言葉で表すと「味が濃い」になるだろうが、味が濃いものにもおいしいものとまずいものがあり、まずい方は「くどい」と言われるだろう。「味が濃い」は評価中立的でも、それを「濃厚」と言うか「くどい」と言うかの違いに評価の違いが反映されているのである（こうした言葉の選択は次章でも取り上げる）。

知覚と評価の分かれ目

評価と記述的判断のさらなる違いを理解するために、フランク・シブリーという美学者の考えをみてみたい（Sibley［1959］／シブリー［二〇一五］）。

先ほど、記述的判断の例として「これは赤い」「これは甘い」を挙げた。赤さや甘さといった性質は、眼や舌といった感覚器官が適切に働ければ誰でも捉えられるものである。逆に、記述的判断が下せない場合には感覚器官がうまく働かなくなっているだろう。舌が麻痺《まひ》して甘さを感じなくなったのでアイスクリームが甘く感じないとか、照明が暗くて眼に十分な光が入ってこないので物の色が見えない、といったことだ。

感覚器官がうまく働くという条件は、評価を下すうえで必要なものである。舌が麻痺して味がわからなければ（どれくらい塩味がしてどういった甘さがあるか感じ取れない、など）、おいしいかまずいかも判断できないだろう。照明が暗くて絵画の色合いがよくわからなければ美しいのかどうか判断できないのと同じだ。

しかし、感覚器官がうまく働けば必ず評価が下せるわけでもない。食にこだわりがない人は、たとえ舌は正常に機能していたとしても、何を食べても「まぁおいしい」とか「ふつう」としか言わない。他方でグルメと言われる人は、食にこだわりのない人が「同じくらいのおいしさ」と言った二つの料理を「こっちの方がおいしい」「こっちはそんなにおいしくない」と判定することができる。

この対比は芸術やファッションの方がわかりやすいかもしれない。ある絵画を二人が見たとき、片方は何が良いか悪いかよくわからないが、もう片方はその作品を絶賛したり、逆に酷評したりすることがある。しかし、二人の視力に大きな違いはない。それどころか、良さや悪さがわからない人の方が視力が良い場合さえある。同様に、視力が良くても服に無頓《むとん》着《ちゃく》でダサい格好をしている人もいるし、視力が悪くておしゃれな服装をしている人もいる。

こうした例を考えると、作品や服装の良さがわかるかどうかは、知覚能力が優れているかどうかとは別だとわかるだろう。評価を下すためには単なる知覚能力以上のものが必要とされる。知覚能力がうまく働かなければ記述的判断も評価も下せないのは確かだが、だからといって知覚能力が働くだけでは評価を下すことはできないのである。

価値を見抜くセンス

こうした点を表すのにぴったりな言葉が「センス」だ。センスがある人は良いか悪いかが判定できるが、ない人はそれがわからない。英語でsenseというと先ほど挙げた知覚を意味することもあるが（たとえば、視覚・聴覚・味覚などの「五感」はfive sensesと呼ばれる）、ここでの「センス」は「感性」や「感受性」と言い換えられるもの、日常的に「センスが良い／悪い」と言われるものである。赤さや甘さといったわかりやすい知覚的特徴を捉える能力ではなく、価値を見抜く能力のことだ。

しかし、センスとは一体何なのだろうか。「価値を見抜く力」の他にどんな特徴があるのだろうか。実のところ「センスとは何か」は美学の最重要問題である（佐々木［二〇一九］第二章）。ここまで「評価」と呼んできたものは、「美的判断」という名前で、昔から美学で問題となってきたものだ。ちなみに、「美的」というと、美しいなど肯定的な判断なのかという印象を受けるかもしれないが、「醜い」「ダサい」といった否定的な判断も美的判断である。ひょっとすると、「美的判断」より「審美的判断」と言った方がわかりやすいかもしれない（さまざまな訳語と解釈に関しては、小田部［二〇二〇］二二～二三頁を参照）。また、センス（感性）を働かせる判断ということで「感性的判断」とも呼ばれる（「美学」を意味するAestheticsは「感性学」と訳されることもある）。

前章で述べた通り、美学では絵画や音楽といった芸術であることが明らかなものがよく取り上げられ、食が取り上げられることはあまりない。前章では食が美学のテーマになる理由として多感覚知覚を挙げたが、それとは別に本章のここまでの話からも食は美学のテーマにふさわしいことがわかるだろう。美学はセンスの解明を目指す学問であり、食の評価にもセンスが使われている。したがって、食の評価とは何かという問題は立派な美学のテーマなのだ。

そして、センスを考えるうえで避けて通れない問題がある。それは「センスに客観性はあるのか」というものである。

3　正しさの基準

好みは人それぞれ

センスの客観性を考える際には、対象は同じでも人によって評価が異なる点が問題となる。まえがきでも少し触れたが、ここではルートビアを例にしてより詳しく説明しよう。

ルートビア（写真）はさまざまなハーブが使われたアメリカ発祥の炭酸飲料で、ドクターペッパーのクセをより強くしたような味がする。アメリカでは大人気であり、アメリカ文化の影響が大きい沖縄でも好んで飲まれている。しかし、それを初めて飲んだ人はだいたい「湿布のような味がしてまずい」と言う（「飲むサロンパス」と言われたりする）。おいしいかどうかの評価が明確に分かれているのだ。

こうした評価の相違は実際にあるものだが、次の点を考えると突然、哲学への入り口が開けてくる。それは、「ルートビアがおいしいと言う人とまずいと言う人、どちらの意見が正しいのか」というものだ（飯田［二〇一七］「アガトン――あるいは嗜好《しこう》と価値について」では、ワインを例にして同様の問題が議論されている）。

この問題に対してすぐ思いつく答えは、「評価の違いは、どちらかが正しくてどちらかが間違っていると判定できるタイプの違いではない」というものだろう。みんながおいしいと思う食べ物が嫌いな人もいるし、みんなが嫌いな食べ物を好む人もいる。どう感じるべきかに正解はなく、人それぞれ違っていていいのだ。言い換えると、「おいしい」や「まずい」といった評価は、他人に正しさを認めてもらうような客観的な判断ではなく、主観的な感想だということである。評価が違う他人から「訂正しろ」と言われるようなものではないのだ。

この点と関連して、美学では「趣味については議論できない（De gustibus non est disputandum）」というラテン語の格言がよく取り上げられる。ぴったり合う日本のことわざは「蓼《たで》食う虫も好き好き」だ。蓼はすごく苦い植物だが、わざわざそれを食べる虫もいる。何をおいしいと感じるかは人それぞれ、個人の趣味嗜好の問題であり、他人から「おいしく感じるべきだ」「おいしいと感じるのはおかしい」と言われる筋合いはないということである。

同じことは食事以外の場面にもある。自分はこの絵画は美しい／この曲はカッコいい／この映画が素晴らしいと思っていても、他人はそれに同意しないかもしれない。他人から「いや、実際にはその絵は美しくない」「君はセンスがないな」とか言われても、「ほっといてくれ」と思える。自分はその絵が美しいと思うのだから、本当は美しくないと言われる筋合いなんてないと思われるのだ。

このように、「センスや評価は主観的な好みの問題だ」と主張する立場を、「主観主義」と呼ぶことにしよう。この立場によると、評価に正解／不正解はない。評価は、基準と照らし合わせて正しいとか間違っているとか判定されるものではない（正誤を問えるものではない）のである。

「主観主義」があるからには、当然、それと対立する「客観主義」もある。客観主義は主観主義とは逆の立場として、つまり、評価には正しいものと間違ったものがあると主張する立場として定式化できるだろう。

両者の争点となるのは、評価が正誤を問えるのかどうかだ。しかし、それについて検討するためには、まず「正しい／間違い」が何を意味するかを理解しておく必要がある。というのも、日常的な言葉づかいの「正しい／間違い」は場面によって違う意味で使われているからだ。

どの「正しさ」が問題か

たとえば、通常なら一時間で着くはずの山頂まで三時間かかったとしよう。そのとき「道を間違えた」とか「正しいルートを選択しなかった」と言われる。この場合の「正しい／間違い」は「効率が良い／悪い」と言い換えることができるものである。

他方で、「○○事件が起こったのは西暦何年か」という歴史の問題に回答して「正しい」と言われた場合の「正しい」は、自分の回答と答えが一致しているということである。「間違い」は一致していなかった場合だ。この場合の「正しい／間違い」には効率という観点は入ってこない。間違った年号を答えた人が何か効率を良くする手段をとっても、その回答が正しいものとなるわけではないだろう。

さらに別の例として、「人として正しい行い」「間違った振る舞い」というものもある。この場合の「正しい／間違い」は、人としてふさわしい／道徳的に良い、といった意味で使われている。山頂までの最短ルートを選択できたり、事件が起きた年号を記憶していたりすることと、道徳的に正しいことは無関係だ。

以上のように、「正しい／間違い」は場面によって異なる意味で使われる。ここで取り上げなかった他の意味もあるだろう。そうすると、「評価に正誤は問えるのか」という問題を考えるうえでも、そこで言われる「正しい／間違い」が何を意味しているのかを明確にしておかなければならない。

では、評価に関して問題となる「正しい／間違い」とは何だろうか。結論から言ってしまえば、二番目に挙げた「一致」である。その点を明確にするために、次に「性質帰属」という判断の役割を説明しよう。

性質帰属

性質帰属のわかりやすい例は記述的判断だ。「このポストは赤い」「このルートビアは甘い」といった記述的判断は、問題となっている対象がある性質をもっていると述べている。「このポストは赤い」はポストという対象が赤さという性質をもっていると述べている。同様に、「このルートビアは甘い」は、ルートビアという対象が甘さという性質をもっていると述べている。このように、「対象がある性質をもつと述べること」が、哲学の専門用語で「性質帰属」と呼ばれるものである。「このポストは赤い」という判断は「そのポストに赤さを帰属させている」と言われ、「このルートビアは甘い」という判断は「甘さという性質をそのルートビアに帰属させている」と言われる。

「帰属」という言葉は日常会話で使われるものではないが、哲学以外でも使われる場合はある。たとえば、「この商品の責任はA社に帰属する」といったものだ。この文言は、その商品で問題が起きたときにA社が責任をもつと述べている。また、「このキャラクターの著作権はA社に帰属する」では、著作権をA社がもつと言われている。大雑把に言えば、「帰属」は「もつと言う」ということである。

ここで、「性質をもつ」ではなく「性質をもつと言う」というまわりくどい表現が気になった人もいるかもしれない。こうした言い回しをしたのは、性質帰属と「性質をもつ」は同じではないからである。というのも、「対象がもつと言われている性質（対象に帰属される性質）」と「対象が実際にもっている性質」が一致しない場合もあるからだ。

たとえば、ある人が「このトマトは赤い」と判断したとしよう。その判断は赤さをトマトに帰属させている。このとき、そのトマトが実際に赤さをもっているなら、その判断は正しい。これに対し、実際のところそのトマトはまだ緑だったとしよう。その人の眼に何か異変が起きて、トマトの色を赤と見間違えてしまったのだ。このとき、「このトマトは赤い」という判断は間違っている。その判断は赤さをトマトに帰属させているが、トマトが実際にもつ性質は緑であり、両者が一致していないのだ。同様に、「このルートビアは甘い」と判断したとき、そのルートビアが実際に甘さをもっていればその判断は正しく、甘くないなら間違っている。

物理的基準

ここで「対象がもつ性質はどのように特定されるのか」という疑問が浮かんだかもしれない。たとえば、熟れたトマトを前にして「このトマトは赤い」と言う人と「いや、緑だ」と言う人がいたとする。もちろん、前者の判断が正しい。しかし、判断の正誤を判定する基準、そのトマトが赤いことは、どのようにして決まるのだろうか。
一つの答えは、「物理的に決まる」というものだ。この答えがどういうものかを理解するために、色はどのような仕組みで見えるかについて少し説明しておこう。

物体に当てられた光は一部が物体に吸収され、残りが反射される。反射された光が私たちの眼に入り、視神経や脳の色覚野といった一連のシステムが働くと、色が見える。そして、私たちが見える物体の色は、その物体の反射光の波長成分によって決まる。たとえば、トマトとピーマンが同じ照明のもとにあっても、それぞれが吸収・反射する光の波長成分は異なる。そのため違った成分の光が眼に入り、色覚システムの反応も違ってくる。そのため両者は違った色に見える。他方で、トマト、リンゴ、イチゴ、トウガラシなどは、微妙に色合いに違いはあるものの、色の点で似たように見える。それらの対象から反射されて眼に入っている光はおおよそ似た波長になっていて、色覚システムに同じような反応を引き起こしているからだ。

色以外も同様に理解できる。甘さやしょっぱさは舌に触れる物質の化学的な構造によって決まる。音量・音高・音色は音波の振幅や波形によって決まり、熱さは対象を構成する分子の振動の度合いによって決まる。対象がどのような物理的性質をもっているかが決まれば、その対象がどのような色、音色、味をもっているかが決まるのである。そうすると、そのように物理的に特定された性質と、判断が対象に帰属させる性質とが一致するかどうかで、その判断が正しいかどうかを判定できることになる。

色や味に関する記述的判断は以上のように説明できる。では、評価的判断はどうだろうか。評価も一致を問えるものなのだろうか。

少しだけ話を先取りすると、主観主義と客観主義の違いは、評価を性質帰属とみなすかどうかの違いに帰着する。客観主義は評価も性質帰属であり、判断が対象に帰属させる性質と、対象が実際にもつ性質とが一致しているかどうかで評価の正誤が決まると主張する。これに対し主観主義は、評価は性質帰属ではなく、そのため正誤を問えるものではないと主張するのである。次にこの点を説明しよう。

4　相対性と主観主義

どの評価が正しいのか

「このルートビアはおいしい」といった評価的判断も、「このルートビアは甘い」という記述的判断と同じく、「このＸはＹである」という形式をしている。そうすると評価も、判断が帰属させる性質と対象がもつ性質が一致していれば正しく、そうでないなら間違っていると言えそうに思える。「このルートビアはおいしい」は、その判断が帰属させる「おいしさ」という性質を当該のルートビアがもっていれば正しい。他方で、もっていなければ間違っているということだ。そのときには「ルートビアはおいしくない」という評価が正しいことになるだろう。

では、ルートビアは実際においしさをもっているのだろうか。先ほど取り上げた記述的判断は物理的基準で正しさを判定できた。そうすると評価も物理的基準によって正しさが判定できると思われるかもしれない。だが、話はそう単純ではない。

大多数の「標準」

記述的判断の正しさは物理的に決められると述べたが、実はこの点に関してもう少し説明すべきことがある。それは、色や味については「通常／標準／普通」といったものを設定するのが容易だということだ。

肉の色を例にしよう。生肉の色は「普通」ピンクだが、焼くと「通常」茶色になる。そのため、肉が焼けているかどうかは色を見ればすぐわかる。多くの人はこの意見に同意するだろう。しかし、すべての人がそうであるわけではない。「色覚異常」(色盲) と呼ばれる人々のなかには、鮮やかな赤さを見ることができず、肉が焼けているかどうかを色で判断することが難しい人もいる。色覚に関わる眼の細胞（錐体細胞《すいたい》）の一部がうまく機能せず、他の人とは違った色が見えているのだ（市川［二〇二〇］四二頁）。

色覚異常とそうでない人を比べると、後者の方が多い。遺伝のために起こる先天的色覚異常の人は、日本の場合、男性の五％、女性の〇・二％だと言われている（前掲書、六頁）。実際、大多数の人は生肉と焼いた肉を色によって区別できているだろう。

そのため、大多数の人によって「普通」や「標準」が設定されるようになる。生肉と焼いた肉は「通常」色が違って見えるものだと言われるようになるのだ。このように大多数によって標準が設定された後、その標準と物理的性質が対応づけられるようになる。生肉から反射される光の波長成分が「ピンクの波長」だと言われるようになるのだ。

味についても同様のことが言えるだろう。砂糖を舐《な》めると大多数の人は甘さを感じる。舌がうまく働かないため砂糖を舐めて甘さを感じない人もいるだろうが、大多数の人が「標準」となり、「砂糖は普通甘い」と言われるようになるのである。そして、大多数の人が甘さを感じるものがもつ化学的成分が「甘いもの」と言われるようになるのだ。

では、おいしさはどうだろうか。大多数の人によって設定される「標準」があるのだろうか。問題となるのはまさにここだ。おいしさは、色や味のようにして「こう感じるのが普通」というものを設定できそうにないと思えるのだ。

文化的相対性

前にみたように、ある飲食物をおいしく感じるかどうかには文化差がある。アメリカの食文化で育った人はルートビアをおいしいと言うが、日本の食文化で育った人はまずいと言う。同様に、ジンギスカンをよく食べる北海道の人はラム肉が好きだろうが、慣れていない人は臭みが強くて食べられないと言うかもしれない（「臭み」や「クセが強い」という言葉は好き嫌いが分かれる食べ物に関する話題でよく出てくる）。他にも、中国の臭豆腐《しゅうどうふ》、フィンランドのサルミアッキ、スウェーデンのシュールストレミングなど、おいしいかどうかについて正反対の評価が下されるものがいくつもある。

このように、文化が違えば同じ食べ物に対する評価が違ってくる。これとは対照的に、どの文化に属する人でも、たいていは同じ構造の舌・味覚神経・脳の味覚野をもち、そのため味に関して同じような反応をする。大多数の人は砂糖を舐めれば甘く感じ、トウガラシを食べると辛く感じるのだ。もちろん、普段の食生活によって個人差は出てくる。辛い食べ物が好きな人は、他の人が激辛で食べられないと言うものを食べても「そこまで辛くない」と言うだろう。しかし、辛いものを食べて「甘い」と正反対のことを言うことはないはずだ。これに対し、「おいしい／まずい」ではそれくらい正反対の意見が出てくるのである。

そうすると、「おいしい／まずい」という評価は、舌や味覚神経や脳といった人間がもつ生物学的特徴では説明できないことになる。むしろ、何が「おいしい／まずい」と評価されるかを説明してくれるのは文化だ。自分が生まれ育った地域でよく食べられていたものは「おいしい」と感じられるが、他の文化の食べ物はそうではないということだ。

そして、地球上にはさまざまな食文化があり、「人類の大多数の人が属する文化」というものはない。そうすると、色や味のように人類の大多数が「おいしい」と認めるもの、人間なら「普通これがおいしく感じる」と言えるものはなさそうだ（塩分が足りていないときには誰でも塩味がおいしく感じる、といった状況は除く）。さらにそこから、おいしさに関しては（色や味のような）標準を設定できないということになる。

標準が設定できないなら、その標準と一致しているかどうかも判定できない。そうであるなら、一致によって評価の正誤を判定することもできない。「おいしい」「まずい」は正しさを問えるような判断ではないということだ。そこから、食に関する評価的判断は性質帰属ではなく、正誤を問えるものではないという結論が導かれる。このようにして、文化的相対性から主観主義が支持されるのだ。

同様の議論は食以外でも展開できる。自分とは異なる文化の絵画や音楽、ファッションの良さはよくわからない。この文化ではカッコいいとされるものが、別の文化からするとどうしようもなくダサいということもある。さらに、評価は時代によっても変わってくる。一九八〇年代にカッコいいとされていた音楽やファッションは二〇〇〇年代前半にはこの上なくダサいと思われていたが、二〇二〇年代には再評価がなされている。何がおいしい／美しい／カッコいいと高く評価され、何がまずい／醜い／ダサいと低く評価されるかは、時代や文化に相対的であり、唯一の正解はないと考えられるのだ。

態度表明としての評価

以上のように主観主義は、評価は性質帰属ではないと主張する。では、主観主義では評価は一体どういうものだと考えられるのだろうか。

一つの考えは、評価と態度表明を同一視するというものだ。つまり、「このルートビアはおいしい」は「私はこのルートビアが好き」と同じ意味だと考えるのである。同様に、「このルートビアはまずい」は「私はこのルートビアが嫌い」の言い換えだということになる。

何が好きで何が嫌いかは個人的な趣味嗜好であり、そのため、正しいも間違いもない。また、他人からとやかく言われる筋合いもない。「私はルートビアが嫌いだから飲みたくない」と言ったときに、他の人が「ルートビアが飲めないなんて間違っている」と言ってきたら、「嫌いだからしょうがない」と思うだけだ。間違っているなら正す必要があるが、ルートビア嫌いを正す必要はない。むしろ、好き嫌いを無理やり変えさせようとする人なんて横暴だと思われるだろう。

同じことは食以外にも当てはまる。「この曲はカッコいい」は「私はこの曲が好き」と同じであり、「あの服装はダサい」は「私はあの服装は嫌い」と同じだということである。主観主義によれば、評価は性質帰属ではなく個人の態度表明にすぎないのである。

こうした主観主義では、評価を下すための「センス」は、「好み」や「好き嫌い」と言われるものと同一視されることになる。対象が肯定的に評価されるか否定的に評価されるかはセンスによって決まるが、そのセンスは主観的な好き嫌いだということだ。

このように評価と好みの表明を同一視しても、評価が行動を促すという点は認めることができる。少し前に、肯定的な評価はその対象との関わりを増やす行動を促し、否定的な評価はその評価対象との関わりを減らす行動を促すと述べたが、ここで言われる「肯定的に評価される対象」を「自分が好きな対象」に言い換え、「否定的に評価される対象」を「自分が嫌いな対象」と言い換えても、同じような説明ができるだろう。好きなものとは関わりを増やしたく、嫌いなものとは減らしたいということだ。本章第1節の終わりで「形とサイズと機能性が同じで色が違う靴が二つあれば色の好きな方を買いたくなる」という例を出していたが、主観主義はそうした好みこそセンスだと言うのである。

次章の予告

本章では、評価と記述の違い、そして、相対性から支持される主観主義を説明した。「おいしいかどうかは人それぞれ」という主観主義的な言葉は簡単に言われるが、その根拠を述べられる人はそう多くない。主観主義を支持する理由を自分では詳しく説明できなかった人は（あるいは、その理由をこれまで詳しく考えたことがなかった人も）、この立場が導かれる筋道が明確になったと思えるのではないだろうか。

これに対し次章では、客観主義を支持する議論を説明しよう。そして最終的に本書は、食の評価には主観主義と客観主義の両方の側面があると主張する。本章で説明した相対性を否定せず、そのうえで認められる客観性があると主張するのだ。

第3章　相対的な客観性

前章では、食の評価やセンスを主観的な好き嫌いとみなす主観主義を概説した。これに対し本章では、食の評価には客観的な側面もあることを強調したい。

なぜ客観的な側面を強調するかというと、「味覚は人それぞれ」とあまりにも簡単に言われるためである。確かに食の評価にはかなりのばらつきがあり、そのばらつきは「人それぞれ」という言葉で表したくなる。だが、評価のばらつきを説明するために初めから主観性を持ち出す必要はない。それどころか、主観性をあまりに早く持ち出すと、（後でみるように）食に関する私たちの行動が不可解なものになってしまうおそれがある。それより前に、評価を分ける客観的な要因がないか考えるべきだ。本章では、そうした客観的な要因をいくつか説明しよう。

1　客観主義の手がかり

他人の評価をみる

評価の客観性を擁護するためにまず指摘したいのは、私たちは他人の評価を気にしているのではないか、ということだ。

たとえば、どこで食事をしようか決める際、レビューサイトにアクセスして店の評判を参考にする人はたくさんいる。また、ネットが普及する前からグルメガイドの本はたくさん出版されていた。こうしたサイトや本には、「ここのラーメンは絶品」とか「ここはいまいち」といった他人の評価がたくさん掲載されている。多くの人はこうした評価を参考にしてどの店に行くか決めているのではないだろうか。

こうした行動は評価の客観性を前提としているように思われる。「ここのラーメンはおいしい」というレビューを読んでその店に行くとき、あなたはその評価が正しいと思っているのではないだろうか。そのレビューは正しく、そのラーメンはおいしいものだと信じているからこそ、自分も食べに行くのだろう。この行動の背後には、他人の評価が帰属させる性質（おいしさ）を対象（ラーメン）が実際にもっているという客観主義的な考えがあるのではないだろうか。

他方で、もし評価が主観的なものならどうだろうか。主観主義によると食の評価は個人的な好みの表明、主観的な感想であり、他人から「間違っている」と言われるようなものではない。注意すべきなのは、こうした考えを支持すると、「他人の評価は自分の参考にならない」という主張も認める必要が出てくることだ。他人からの間違いの指摘は受け入れないのに、自分に役立ちそうな意見だけ聞き入れるのは一貫性がない。首尾一貫した主観主義を支持したいなら、他人の評価は（自分を否定するものでも自分に対するアドバイスでも）すべて自分の評価とは無関係だと言うべきだろう。

だが、多くの人々は他人のレビューを参考にしている。参考にする人が多いからこそ、これだけ多くのレビューサイトやガイド本が作られているのだろう。しかし、主観主義ではこの点がうまく説明できないようにみえる。参考にならないはずのものを参考にしている人はなぜこんなに多いのか、そこが不可解になってしまうのである。

これに対し、「サイトや本は参考にならなかった」と言う人もいるかもしれない。「ここのラーメンはおいしい」というレビューを読んで店に行ってみたのに、まったくおいしいとは思えなかったことがある。こうした失敗体験が原因となって「他人の評価は参考にならない。評価は人それぞれだ」と考え、主観主義を支持したくなった人もいるだろう。

しかし、注意してもらいたいことがある。それは、そうした失敗を体験したときに「他人の評価は今後一切参考にしない」と決め、レビューサイトやガイド本をまったく見なくなったのか、ということだ。多くの人はそこまではいかないだろう。レビューを参考にして失敗したときには、すべてのレビューを信頼しなくなるのではなく、「このレビュアーは参考にしない」とか「このサイトは参考にしない」と思い、他のレビュアーや他のサイトを参考にするようになるのではないだろうか。言い換えると、失敗体験は悪い（能力のない）レビュアーの評価を参考にしてしまったために起きたのであり、良い（適格な）レビュアーの評価を読めばうまくいったはずだと思われるのだ。

こうした考えを最もシンプルに説明するのは、やはり客観主義だ。つまり、良い／信頼できるレビュアーは正しい評価を下す能力がある人だが、悪い／信頼できないレビュアーは能力がなく間違った判断を下していると考えるのである。正しい評価と間違った評価という区別があると認めているからこそ、レビュアーに差がつけられる。正しい評価を下す能力をもつ人は参考になるが、間違った評価を下す人は参考にならないとされるのだ。

主観主義を守れるか

しかし、主観主義は次のように反論するだろう。他人の評価を参考にすることも、レビュアーに差をつけていることも、主観主義で説明できる。注目すべきは「好みが合う」と言われる場合だ。

世の中にレビュアーはたくさんいて、それぞれ自分の好みを表明している。そのため、各人がばらばらなことを言っていても何の不思議もない。しかし、たまに好みが合う人がいる。たとえば、自分が食べておいしいと思ったラーメンを高く評価しているレビュアーを見つけたとしよう。その人の他のレビューを読んでみると、自分がおいしいと思った他の店も高く評価していた。こうした人は自分と好みが似ていると思えるだろう。

さらにその人のレビューを見ると、自分の行ったことのない店のラーメンが高く評価されていた。このとき、その店のラーメンは自分の口にも合うと期待できる。自分と好みが似ている人が高く評価した店は、自分も高く評価する可能性が高い。そのため、そのラーメンを食べに行こうと思えてくる。つまり、他人の評価を参考にするのだ。

他方で、自分がおいしくないと思ったラーメンばかりを高く評価しているレビュアーでは、こうした期待はもてない。その人は好みが合わず、その人が高く評価したラーメンを自分も高く評価できるとは期待できない。参考にしようとは思わないのだ。

このように考えれば、他人の評価を参考にすることも、レビュアーに差をつけることも主観主義で説明できる。評価はすべて主観的な好みでも、好みが合うか合わないかで差がつけられるのだ。

レビュアーは悪くないのか

確かに、この説明は非常に説得力がある。しかし、問題がないわけではない。それを理解するために、他人のレビューを参考にして失敗した場面を考えてもらいたい。主観主義にしたがうと、この場合に悪いのは自分ということになる。好みが合わないレビュアーの評価を参考にしてしまった、人選を間違えた自分が完全に悪いのだ。

重要なのは完全に自分が悪いという点である。レビュアーは自分の感想を述べているだけであり、他人に参考にしてもらうつもりはない。だが、自分はそのレビュアーと好みが合うと思って参考にしてしまった。レビュアーには責められるところは何もないのだ。

しかし、そう簡単に割り切れるだろうか。失敗の原因はすべて自分にあると簡単に認められるだろうか。むしろ、レビュアーにも文句をつけたくなるのではないだろうか。確かに人選を失敗した自分も悪いとは思うが、失敗の原因となった評価を書いたレビュアーも悪いと言いたくなるのではないだろうか。

そのときあなたは何を責めているのだろうか。責めているのは、レビュアーが間違った評価を下していることだろう。おいしさを見抜く力もないのにレビューを書き、間違った評価を広めている点を責めているはずだ。もしそうなら、そこには客観主義的な考えがある。間違った評価を責めるには、評価には正しいものと間違ったものがあるという区別を前提とする必要があるからだ。

さらに次の点を考えてもらいたい。主観主義では評価が好き嫌いの表明と同一視されたが、他方で、好き嫌いで評価を下すレビュアーは能力が低いと思われないだろうか。たとえば、辛い料理が嫌いという理由からすべての担々麺《タンタンメン》に低い評価をつけるレビュアーと、辛い料理は嫌いだがこの担々麺はおいしくてこっちはそうではないと区別をつけられるレビュアーがいたとしよう。後者の方が信頼できそうに思えないだろうか。そう思われるなら、どちらの担々麺がより高い価値をもつかは単なる主観的な好みの問題ではない。価値と評価は完全に主観的な枠組みでは説明できないと考えるべきである。

注意すべきなのは、「評価に正しい／間違いの区別があること」と「正しい評価を下せる人／下せない人を見分けること」は別だということである。確かに、適格なレビュアーを探すのは簡単ではない。レビューを書いている人はたくさんいるが、あてにならない人も多い。そのため、あてにならないレビューを信じて失敗することもよくある。だからといって、レビューはすべて参考にならないと結論してしまうのは早計だ。正しい評価を下せている人はそう多くなく、多くの間違った情報のなかに埋もれてしまっているだけかもしれないのだ。

どちらを支持するか

以上のように、食の評価をめぐる私たちの行動には、評価の客観性を前提としているように思える側面がある。だが、それでもまだ主観主義を擁護したいという人もいるかもしれない。前章でみたように、私たちの普段の行動には主観主義を支持したくなる側面もあったからだ。自分が生まれ育ったものとは異なる文化圏の飲食物は、いくらその文化内で高く評価されていたとしても、おいしいと思えないことがある。そのときに「この料理をおいしく感じないなんて間違っている」と言われたら、文化の押し付けだと感じられるだろう。

では、どうすれば決着がつくのだろうか。ここで改めて考えたいことがある。主観主義と客観主義という対立する二つの立場が提示されたとき、おそらく多くの人は、まずどちらを支持するか決めようと思うだろう。そして、支持しない側の間違いを明らかにしようとするはずだ。客観主義が正しいと思ったら、客観主義を擁護し、主観主義のどこがおかしいか明らかにする議論を作ろうとする。主観主義が正しいと思った場合も同様である。だが、選択肢はこの二つしかないのだろうか。他に進める道はないのだろうか。

本書はまさに第三の道に進むことにしたい。それは、客観主義と主観主義を両立させるというものである。この道に進む理由は、評価に関する私たちの行動に客観主義を支持したくなる側面と主観主義を支持したくなる側面の両方があるからだ。両方ある以上、どちらか一方を支持するよりも二つを両立させる考えの方が、私たちが行っている評価のあり方をより良く捉えていると考えられる。以下ではそうした両立案を提示したい。

2　傾向性と相対性

相対性の再考

前章でみたように、主観主義を支持する根拠は相対性にあった。ざっと振り返ると次のようになる。ある文化圏でおいしいとされている食べ物も別の文化ではおいしいとは言われない。それがおいしいのかどうかについて答えが出ない。答えが出ないものは主観的だ。

しかし、この議論には穴がある。それは、それぞれの文化内での客観性を認める余地があることだ。たとえば、ルートビアはアメリカ文化に属する人たちにとっては客観的においしいものだが、別の文化では客観的にまずいものだと考える余地があるのだ。さらに、アメリカ文化内でも、このメーカーのルートビアは客観的においしいが別のメーカーのルートビアは客観的にまずいという区別がつけられ、そのため後者を「おいしい」と評価した人は間違っていると認める余地がある。

この点を理解するうえで重要なのは、客観性には度合いがあるということだ。前章で記述的判断の例として挙げていた色などには文化を超えた客観性がある。快晴の空を見て「茶色い」と言った人がいたら、その人がどの文化に属していようと、間違った判断を下していることになるだろう。他方で、おいしさの判断には相対性があるため、文化を超えた正誤は問えない。ある文化に属する人が下した「これはおいしい」という評価を、別の文化の人が間違っていると言うことはできない。だが、同じ文化内での正しさ、同じ文化のなかで客観的においしいとされるものはあるということだ。

こうした考えを聞いてすぐに思いつくのは、「相対性と客観性は両立しないのではないか」というものだろう。しかし、実際のところはそうではない。相対的でも客観的だと言えるものが実際にあるのだ。その点を理解するために、哲学で「傾向性 disposition」と呼ばれるものを説明しよう。

傾向性

傾向性の例としてここでは毒性を取り上げよう（傾向性の説明は、柏端［二〇一七］第四章に基づく)。

たとえば、ツキヨタケ、ジャガイモの芽、スイセン、トリカブト、フグの肝、アサガオの種、工業汚染水といったものは毒をもっている。誤ってこれらを口にしてしまうと、嘔吐《おうと》、下痢《げり》、呼吸困難、体の痺《しび》れなど、さまざまなかたちで生命活動に不調が起きる。場合によっては命を落とすかもしれない。

まず注目したいのは、毒性は食べられていない状態の対象に備わるということだ。たとえば、森に生えている状態のツキヨタケは誰にも食べられておらず、誰にも体調不良を起こさせてはいない。それでも「ツキヨタケは毒をもっている」と言われる。これまでツキヨタケを食べて中毒を起こした人がたくさんいるというデータさえあれば、いま現在森に生えていて誰にも食べられていないツキヨタケも毒をもっていると言えるだろう。

実際に食べられていないものでも毒があると言えるのは、「毒性」とは「もし食べたら生命に悪い影響が出る」という潜在性だからだ。実際に生命活動に悪い影響が出る(その潜在性が顕在化する／可能性が現実になる)のは食べられたときだが、まだ食べられていないツキヨタケも、そうした潜在性をもっているのである。

哲学で「傾向性」と呼ばれるものはこういった潜在性のことである。一般的に言えば「もしXという条件が満たされたらYという出来事が起こる」と特徴づけられる性質のことだ。

他の例としては水溶性が挙げられるだろう。水溶性とは「もし水に入れられたら溶ける」という性質であり、塩や砂糖に備わっているものである。瓶に入っていて水に入れられていない塩や砂糖も、もし水に入れられたら溶けるという性質をもっている。

次に注目したいのは、「潜在」は「顕在」と対比されるものだという点だ。実際、ここまでの説明でも一箇所だけ「顕在化」という言葉が出てきた。そして、潜在性／顕在化の対比をみることで、評価の客観性と相対性を両立させる手がかりが得られる。

顕在化条件

今度はアボカドを例にしよう。アボカドは、さまざまなビタミンやミネラル、食物繊維、不飽和脂肪酸などを含み、低糖質でありながらカロリーが高い。「森のバター」とも呼ばれ、ギネスブックには、「最も栄養価の高い果物」として登録されている。すると、アボカドは「食べたら生命に良い影響を与える」という傾向性をもっていると考えられるだろう。簡単に言えば「栄養になる」ということだ。

しかし、アボカドはすべての動物にとって栄養になるわけではない。たとえば、インコなどの鳥類がアボカドを食べてしまうと循環器や呼吸器に重大な障害が起き、命を落としてしまうこともある。アボカドに含まれるペルシンという成分は、人間には無害だが、鳥類には深刻な危害をもたらすのだ（小嶋［二〇一〇］一四七頁）。

一つのアボカドを二つに切り分け、片方を人間が食べ、もう片方を鳥が食べたとしよう。人間には栄養となって生命活動に良い影響を与えるが、鳥には毒となり悪い影響が出る。同じアボカドが正反対の効果をもたらすのだ。しかし、栄養と毒は正反対の性質であり、同じものがその両方をもつとはどういうことだろうか。アボカドが栄養であると同時に毒であることはどう理解すればいいのか。

この問題の解決法は、毒や栄養を食べる動物の体の構造に相対的な性質とみなすことである。単に「アボカドは栄養である」と「アボカドは毒である」は両立しないが、「アボカドは人間にとって栄養である」と「アボカドは鳥にとって毒である」は両立する。私たちがアボカドを話題にするほとんどの場面では人が食べることが念頭に置かれているため「人間にとって栄養になる」の「人間にとって」が省略されているが、正確に言えばアボカドは「人間にとって栄養になる」ものなのだ。同時にアボカドは「鳥にとって毒となる」ものなのである。

さらに、「人間にとって」や「鳥にとって」は、先ほど説明した傾向性の顕在化条件として言い直すことができる。アボカドは、「人間が食べる」という条件のときには「人間の生命に良い影響をもたらす」という出来事が顕在化するものであり、「鳥が食べる」という条件のもとでは「鳥の生命に深刻な危害をもたらす」という出来事が顕在化するものなのである。

これとは逆に、人間にとっての毒物を栄養とする生き物もいる。たとえば、海底火山から噴出されるガスは人間にとって猛毒だが、海底で暮らす生き物の一部はそこから栄養を得ている。また、ニホンリスは人間には毒となるテングタケを安全に摂取できるという（神戸大学プレスリリース［二〇二二］）。

また、こうした相対性が同じ生物種のなかにみられる場合もある。各種のアレルギーがそうだ。蕎麦《そば》でも小麦で甲殻類でも、アレルギーがない人には栄養になるが、人によっては命の危険をもたらすほどの毒となる。食べる人の身体的条件の違いに応じて、同じものが毒になったり栄養になったりするのだ。

傾向性の説明は以上である。次に、傾向性という観点を使って評価の相対性と客観性を両立させる方針を説明しよう。

評価の傾向性

主観主義を支持する議論の鍵は、評価の相対性から評価の主観性を導くところにあった。しかし、傾向性の話を踏まえると、話はそう単純にいかないことがわかる。というのも、毒

／栄養には相対性があるが主観的なものではないからだ。アボカドは人間には栄養になるが鳥には毒になるというのは客観的な事実であり、主観的な感想ではない。同様に、蕎麦アレルギーの人が蕎麦を食べて体調不良を起こすのも好みの問題ではない。こうした例からわかるように、ある物事に関して相対性があるということ自体は、その物事が主観的なものであることの証拠にはならないのである。

さらに、傾向性と相対性の説明を用いることで、文化ごとの評価の違いを客観的なものとして説明する余地が開けてくる。本節の最初で述べたように、文化に相対的な客観性があると言えるのだ。ルートビアは、アメリカ文化で育った人に「おいしい」という評価を生み出す傾向性をもち、同時に、それ以外の文化の人々には「まずい」という評価を生み出す傾向性をもっている。ルートビアが単純においしいのかまずいのかについては（アボカドが単純に栄養なのか毒なのかと同じく）答えは出ない。それでも、ルートビアは「アメリカ文化で育った人においしいという評価を生み出す」傾向性をもっていると言える。アメリカ文化で育った人にとってルートビアがおいしいことは、客観的な事実だと言うことができるのだ。そして「ルートビアはおいしい」という評価は、そうした傾向性を帰属させる判断だと言うことができるのである。

しかし、ここまでの考えに対して「栄養や毒の場合と評価の場合を同列に扱えるのか」という疑問をもつ人も多いだろう。次にその点についてさらに踏み込んでみよう。

3　文化的客観性

生まれと育ち

前述の疑問をもつ人は次のように言うだろう。アボカドが栄養になるか毒になるかを決めているのは、体の構造という生物学的な要因である。摂取されるのは同じアボカドでも、人間の体の構造ではそれを栄養とすることができ、鳥の体の構造では毒になってしまうのだ。こうした生物学的要因は、主観的な好き嫌いではなく、疑いなく客観的なものである。そして、毒と栄養の相対性は、生物学的要因という客観的なものに基づいている。だからこそ、栄養／毒に相対性があっても、それらは客観的なものだと認められるのだ。

これに対し評価の相対性はどうだろうか。それは生物学的要因に基づいているわけではない。というのも、アメリカ文化で育った人も他の文化で育った人も体の構造はおおよそ同じだからだ。そうすると評価の相対性は、客観的な生物学的要因に基づく栄養／毒の相対性と同じようには扱えない。そのため、その相対性と客観性は両立しないのではないか。

確かに、栄養／毒と評価は完全には同列に扱えない。評価の相対性を生み出しているのは生物学的な要因ではなく文化的な要因であるからだ。しかし、この点を認めたとしても、相対性から主観性が導かれるとまで認めたことにはならない。というのも、文化的要因に裏づけされた客観性もあると言えるからだ。

文化的な客観性の例として交通規則を取り上げよう。たとえば、ある人が「車は左側通行だ」と言ったとする。この発言がなされたのが日本なら、それは正しい。だが、その発言がなされたのがアメリカなら間違っている。この発言が正しいものとなるか誤ったものとなるかは、それぞれの国の交通規則に相対的である。

このように交通規則に関する発言は正誤が問えるものだが、その正しさは生物学的要因によって決定されたものではない。というのも、日本に住む人もアメリカに住む人も同じ生物学的構造の体をもっているからだ。「人間はこういう体をしているから車に乗るときは左側通行でなければならない」といった制限はない。むしろ重要なのは、同じ国に住む人がみな一致して右側か左側かどちらかを走り、事故や混乱を防ぐことだ。

どちら側を走るかは、それぞれの国で過去に取り決めがあったのだろう。どちらでも良いのだが、誰か（あるいは、何人かの集団）が「車は左を走る」と決め、それが同じ国の他の人たちにも広まった。こうした規則ができると、「車は左側通行だ」といった発言に正誤が問えるようになる。右を走るか左を走るかは、生物学的に決定されたものでなくとも、その国の人々に共有されることで客観性をもつようになる。自分の主観的な好みでどちら側を走るか決めていいものではなくなるのだ。

文化とセンス

食の評価も同じように理解することができるだろう。ルートビアがおいしいかまずいかは生物学的に決定されているわけではない。そのため、ルートビアは文化を超えておいしいものだとは言えないかもしれない。だがそれでも、同じ文化に属し、同じ価値観を共有している人のなかでは、ルートビアをおいしいものとみなす基準があると考えることができるのだ。

もちろん、ある文化のなかで生まれ育ったからといって、その文化のおいしさの基準をすべて理解しているとは限らない。一部の基準は、料理人やソムリエのように訓練しなければ知ることができないだろう。それは、自分が生まれ育った国の交通規則をすべて理解しているわけではないのと同じだ。ほとんどの人は、自動車学校で勉強するまで細かい交通規則に関して正しい判断を下せない。食の評価も同様に、訓練しなければ正しい評価が下せないと考えられるのである。

訓練という点は前章で挙げたセンスにも関わる。前章で最初に「センス」という言葉が出てきたとき、センスは評価を下すために必要なもの、物事の価値を見抜く能力だとされていた。ここまでの話からすると、センスによって見抜かれる価値は対象に備わっている傾向性と理解することができるだろう。

たとえば、最初はルートビアがまずいと思っていた人が、何かのきっかけでおいしいと思い、そこからいろんなルートビアを飲むようになったとしよう。最初のうちは、ルートビアであればどれもおいしいと思っていたかもしれない。だが、いろいろ飲み続けているうちに、このメーカーのルートビアはおいしいが別のメーカーのものはまずい、と区別するようになってくる。このときになると、最初の方に下していた「どのルートビアもおいしい」という評価は間違っていた、あのときはあのメーカーのルートビアもおいしいと思っていたがそれは間違いだった、と思うようになるだろう。以前に下していた評価が間違いだとわかるのである。

文化相対的な客観主義では次のように説明される。最初はルートビアを飲む文化・習慣に慣れ親しんでいなかったので、対象がもつ「ルートビアをよく飲む文化の人に『おいしい』という評価を生み出す傾向性」がわからなかった。そのため、その傾向性をもつルートビアも、もたないルートビアも、違いがわからず、最初は誤った評価を下していた。しかし、ルートビアを飲み続けることでその傾向性を発見するセンスが磨かれ、正しい評価を下せるようになった。このように考えれば、文化を超えた普遍的な評価の正誤はないと認めても、文化内での評価の正誤はあると言うことができるのだ。

以上の論点は食以外の評価にも当てはまるだろう。音楽でも絵画でも演劇でもファッションでも、時代や文化が違うと評価が分かれるが、それぞれの時代や文化に相対的な客観性はあると考えられるのだ。

食以外の場面

再び前章で挙げたファッションの例を使おう。一九八〇年代の日本で「おしゃれ」と言われていたファッションは、九〇年代や二〇〇〇年代になると「死ぬほどダサい」と言われていた。しかし、二〇一〇年代後半あたりから再び八〇年代的なファッションが「おしゃれ」と評価されるようになってきた。こうした相対性も傾向性から説明できる。ある服装は、八〇年代センスの人には「おしゃれ」という評価を生み出す傾向性をもち、九〇年代センスの人には「ダサい」という評価を生み出す傾向性をもっている（二〇一〇年代後半のセンスは八〇年代のセンスと似ている）。いつの時代でも「おしゃれなもの」はないかもしれないが、同じ時代（あるいはセンスが似ている時代）のなかでの「おしゃれなもの」はあるのだ。また、九〇年代センスをもっていて八〇年代の服はすべてダサいと思っていた人も、八〇年代のファッションを眼にする機会が増え、八〇年代センスを磨けば、八〇年代の服のなかにもダサいものとおしゃれなものがあるとわかるようになるだろう。

相対的な客観性

以上の考えでは、評価は文化に相対的でありつつも、同じ文化内では正誤が問えると言うことができる。「何がおいしいのか」という問いに対して文化を超えた唯一の答えがないとしても、それぞれの文化のなかでは答えはあるのだ。

答えが唯一に定まらないものは「主観的」と考えられがちだが、その考えは短絡的すぎる。というのも、主観的にも複数の意味があるからだ。「文化を超えた絶対性がない」を「主観的」と呼ぶなら、確かに評価は主観的だ。しかし、その意味での主観性を認めても、「正誤はまったく問題にならない」という意味の主観性まで認めたことにはならない。評価には「文化内での正誤」が問えるのだ。

とはいえ、ここまでの議論で納得しない人もいるかもしれない。生物学的な客観性と文化的な客観性がどこまで同じように扱えるのか、もう少し踏み込むと同じように扱えない部分がたくさん出てくるのではないか、といった疑問が浮かんだ人もいるだろう。

だが、本章の議論はこれだけではない。これとは別に、評価を表す言葉に注目して主観主義と客観主義を両立させる方針もある。次にそれをみてみよう。

4　評価用語の分類

ここまで、ある食べ物ないし飲み物が「おいしい」のか「まずい」のかで評価が分かれる例を扱ってきた。しかし、食の評価を表す言葉は他にもたくさんある。「こってり」「あっさり」「濃厚」「芳醇《ほうじゅん》」「コクのある」「爽やか」「さっぱりした」「くどい」「味気ない」といったものだ。本章の残りでは、こうした言葉の使い方に注目し、主観主義と客観主義を両立させる第二の方針を提示したい。

分厚い用語と薄い用語

言葉の違いに注目する方針は、価値を対象とする哲学（とくに倫理学と美学）でたびたび出てくる。おそらく最も有名なのは、バーナード・ウィリアムズによる「分厚い（濃い）概念」と「薄い概念」の区別だろう（ウィリアムズ［一九九三］）。ウィリアムズが指摘したのは「概念」の違いだが、本章の議論では「用語」や「言葉」と理解してもらって問題ない。まずは倫理での区別から紹介しよう。

たとえば、「道に迷った人を目的地まで案内した」と「報復の危険を恐れず上司の不正を告発した」という二つの行動を比較してみよう。どちらも「良い行い」と言えるものである。「良い」という言葉は、どちらの行動の評価でも使えるものだ。

これに対し、「親切」はどうだろうか。道案内は「親切」という言葉がぴったりくるが、不正の告発はそうではない。むしろ告発は「勇敢」という言葉を使うのがふさわしいように思われる。逆に、道案内には「勇敢」は当てはまらない。

ここからわかるように、それぞれの言葉が当てはまる範囲には違いがある。「良い」も「親切」も「勇敢」も肯定的な道徳的評価を下す際に使われる言葉だが、「良い」はいろんなものに当てはまるのに対し、「親切」や「勇敢」はそうではなく、当てはまる物事が限定されているのである。

否定的な評価にも同じような違いがあるだろう。「悪い」と言える行動はいろいろあるが、「臆病な行動」と「残虐な行動」はまったく違うものである。不正を告発できないのは「臆病」と言うのが正しく、「残虐」と言うのは間違っていると思われるだろう。

簡単に言えば、用語が分厚い／薄いとはこうした違いのことである。「良い」「悪い」といった言葉は、その意味があまり特定されていない。言い換えると、言葉が伝えている情報が少ない。そのため、かなり広範囲のものに当てはまる。それが「薄い」ということだ。それと比べると「親切」「勇敢」「臆病」「残虐」は意味がより特定されており、情報量が多く、そのため当てはまる範囲が限定されている。これが「分厚い」ということである。

美学でも前章で触れたフランク・シブリーが同様の区別を行っている（Sibley［1965/2001］）。芸術作品や自然風景を美的に評価する際に、「良い」「悪い」「素晴らしい」「平凡」といった言葉が使われるが、これらは中身がそれほど特定されておらず、いろんなものに当てはまる。他方で、「力強い」「繊細《せんさい》」「けばけばしい」といった用語はそうではない。たとえば、ドビュッシーのピアノ曲《月の光》とナイアガラの滝は、どちらも「美しい」と肯定的に評価されるものだが、《月の光》は「力強い」ではなく「繊細」と言うのがふさわしく、ナイアガラの滝は「繊細」ではなく「力強い」と言うのがふさわしいだろう。

では、こうした違いは何に由来するのだろうか。二つを分けるうえで鍵となるのは、前章でみた記述と評価の違いである。

評価的かつ記述的

簡単に振り返っておこう。記述的判断は物事のあり方を単に述べたものと言われていた。典型例は「この机は赤い」といったものである。この判断には評価的な要素は含まれていない。誰かがそう判断したのを聞いても、その机の見栄《みば》えが良いか悪いか、肯定的な価値をもつか否定的な価値をもつか判定できないからだ。赤くておしゃれな机もあれば、赤くてダサい机もあるだろう。他方で、評価的判断は「この机は見栄えが良い」といったものだ。この判断では対象が肯定的な価値をもつことが明確に述べられている。

そして、分厚い／薄い用語の違いは、記述的要素があるかどうかだと考えられることが多い。薄い用語は完全に評価的なものだが、分厚い用語は評価的な要素と記述的な要素の両方をもつということだ（蝶名林［二〇一九］三五四〜三五五頁、および、源河［二〇一七］一七二〜一七三頁）。

道徳的評価から説明しよう。「それは親切な行いだ」にも「それは勇敢な行いだ」にも、道徳的に良いことをしているという評価が含まれている。しかし、評価以外の部分に違いがある。「親切」という言葉は他人を慈《いつく》しむ行動に当てはまるものであり、そのため「それは親切な行いだ」という評価には、他人を慈しむ行動を記述する要素が含まれている。他方で「勇敢」は、脅威に対抗する行動に当てはまるものであり、そのため「それは勇敢な行いだ」は脅威に抵抗する様子を記述する要素を含んでいる。こうした記述的要素があるため、道案内には「親切」と言うのが適切であり、「勇敢」と言うのは適切ではないという違いが生まれる。道案内には他人を慈しむ要素はあるが、脅威に立ち向かう要素はないのだ。

美的評価も同じように説明ができる。ドビュッシーの《月の光》もナイアガラの滝も「美しい」と肯定的に評価されるが、前者は「繊細」と言われ、後者は「力強い」と言われる。

「繊細な曲だ」という評価には、その曲の音量は大きくない、音程に急激な変化がない、音がごちゃごちゃしていない、細かい変化が重要になっている、といった特徴を記述する要素がある。他方で「力強い光景だ」は、刺激が強い、エネルギーの大きな物事がある、圧倒される、といった特徴を記述する要素があるのだ。

食の評価に使われる言葉にもこうした区別ができるだろう。次にそれをみてみよう。

食の評価用語

薄い用語の代表例は「おいしい」「まずい」だ。どちらも中身が特定されておらず、いろいろなものに当てはまる。豚骨ラーメンもレモネードも、上質なものは「おいしい」と言われ、何かしら調理で失敗したものは「まずい」と言われるだろう。

これに対し「こってり」は、豚骨ラーメンには当てはまるがレモネードには当てはまらない。「こってり」は味が濃かったり脂肪の味が強かったりするものに対して使われる言葉である。「こってり」には、そうした特徴を記述する要素があるのだ。

とはいえ、「こってり」は完全に記述的であるわけでもない。というのも、味が濃かったり脂肪の味が強かったりするものも、まずければ「くどい」と言われるからだ。「こってり」という言葉は、対象が肯定的に評価されるときに使われるものであり、そのため評価的要素をもっている。同様に、「くどい」は否定的な評価を含んでいるだろう。こうした言葉には、適用範囲を限定するのに記述的要素に加えて、適用された対象がどのように評価されたかという評価的要素を含んでいるのである。

他にも、「みずみずしい」「フレッシュ」「シャープな」「きりっとした」「すっきり」「まろやか」「素朴な」「上品な」「パンチがある」「ガツンと来る」といったものが分厚い用語とみなせるように思われる。こうした用語は、「おいしい」「まずい」のように広範囲のものに当てはまる言葉ではなく、記述的要素をもち、適用範囲が限定されているのだ（以上の例を挙げるうえでは、角［二〇一九］一五九頁を参考にした）。

言葉の選択と評価

以上を踏まえて、食に関する用語に関して主観性と客観性を両立させる第二の方針を説明しよう。

まず、分厚い用語の評価は正誤を問えるものだと考えられる。レモネードを飲んだ人が「爽やか」と言ったらその評価は正しいが、「こってりしている」と言ったら間違っている。このとき、「自分とは好みが違うから『こってり』と言っているんだ」とは思わないはずだ。むしろ、舌に何か異常があったり「こってり」という言葉の使い方を知らなかったりしたために間違った評価を下していると思われるだろう。主観的な好き嫌いのためにに「こってり」という言葉が使われたのではなく、何かしら不具合があったために間違った評価を下していると考えられるのだ。

あるいはこうも言えるかもしれない。分厚い用語には、対象から「この用語を使うのが正しい」というような用語の指定がある。味が濃くて脂肪の味が強いという特徴は、それを評価する際に「こってり」ないし「くどい」という言葉を使わせる制限を私たちに与える。だからこそ、その制限から外れた用語の使用は間違っていると言われるのである。

他方で、薄い用語はそうした制限が少ない。先ほど述べた通り、「おいしい」「まずい」は、さまざまな対象に当てはまる。そうすると、「おいしい」「まずい」を主観的な意味で使う余地が出てくる。「おいしい」は「自分は好き」という自分の好みの表明として、「まずい」は「自分は嫌い」という意味で使うことができるのだ。多くの人が高く評価している料理でも、自分の口に合わないので「まずい」「おいしくない」と言うこともあるし、多くの人が低く評価しているものでも自分の口に合うなら「おいしい」と言いたくなる。この場合には薄い用語が主観的な好みを表すために使われているだろう。

注意すべきだが、「おいしい」「まずい」を主観的な好みの表明として使うことができるからといって、「おいしい」「まずい」は常に好みの表明だということにはならない。というのも、「おいしい」「まずい」が客観的な評価を意味するために使われることもあるからだ。たとえば、豚骨ラーメンを評価する際に「濃厚」とか「コクがある」といった分厚い用語を思いつかなかった人は、「おいしい」とだけ言うかもしれない。それでもその人は、他の人から「このラーメンは濃厚でコクがあるよね」と言われたら「そうそう、自分が言いたかったのはそれだ」と同意するだろう。この場合の「おいしい」は好みの表明ではなく、客観的な評価を意味するために使われている。しかし、ふさわしい言葉を思いつかなかったので「おいしい」としか言えなかったのだ。

他方で、分厚い用語に好みが反映される場合もありうる。たとえば、同じ豚骨ラーメンを食べた二人のうち片方が「濃厚」と言い、もう片方は「くどい」と言ったとしよう。「濃厚」も「くどい」も味が濃くて脂肪分が多いものに使われるものであるので、どちらの評価が正しいのか判定が難しい。ひょっとすると、このときに言葉選びを決定しているのは主観的な好みかもしれない。片方は味が濃いものが好きなので「濃厚」という肯定的な言葉を使い、もう片方は「くどい」という否定的な言葉を使ったということなのだ。

とはいえ、こうした好みの相対性を認めても、分厚い用語を使った評価が完全に主観的だということにはならない。そのラーメンは「濃厚」なのか「くどい」のか意見が分かれる二人も、別の人が同じラーメンを食べて「味気ない」とか「優しい味」と評価したら、その評価は間違っていると言うだろう。どの言葉を使うのが正しいのか決着がつかない場面でも、対象が指定する範囲から外れた言葉を使った評価は間違ったものとみなされる。このように、「正しさに相対性がある」「正しい評価は複数ある」からといって、「どの意見も正しい」とはならない。相対性を認めても明らかに間違った評価があると言えるからだ。

まとめ――相対的な正しさ

前章と本章の議論をまとめよう。私たちが普段行っている食の評価には、主観主義を支持する側面と客観主義的な側面を支持する側面の両方がある。主観主義は、すべての文化で「おいしい」とされるものはないという文化相対性から支持される。他方で客観主義は、自分が何を食べるかを決める際に他人の評価を参考にしているという行動から支持される。

本書では、どちらか片方を否定してもう片方を支持するのではなく、私たちの評価に両方の側面があることを描き出そうとしてきた。つまり、主観主義と客観主義を両立させる考えを提示しようと試みてきたのである。

そのために本章では二つの方針を提示した。一つは、傾向性とその顕在化条件という考えを利用し、文化相対的な客観性を認めるものだった。あらゆる文化の人々に「おいしい」という評価を引き出すものはなくとも、それぞれの文化の人々に「おいしい」という評価を引き出す傾向性はあると言える。その評価は文化に相対的なものだが、一つの文化のなかでは正誤が問えるものである。

もう一つの方針は言葉の使い方に着目するものだった。「おいしい」「まずい」のような薄い用語は主観的な要素が大きい言葉だが、「濃厚」「くどい」などはそうではない。後者のような分厚い用語は、対象がもつ特徴によって正しい使い方が指定されており、その指定を外れた評価は間違っているとみなされるのである。

前章と本章で主観主義ないし客観主義のすべての論点を取り上げることができたわけではない。私たちが普段行っている食の評価の別の側面に注目すると、どちらか片方を支持し、もう片方を否定したくなる別の理由が見つかるかもしれない。とはいえ、前章と本章の議論だけでも「味覚は人それぞれ」と簡単に言えるわけではないことが明らかになっただろう。

第4章　知識と楽しみ

1　無垢な舌

名前の影響

はじめに、二〇二〇年のＮＨＫスペシャル「食の起源」で行われた面白い実験を紹介しよう（ＮＨＫスペシャル「食の起源」取材班［二〇二一］二二九〜二三〇頁）。

その実験には二〇代から四〇代の男女三〇人が集められ、ＡとＢの二つのグループに分けられた。どちらのグループも同じポタージュスープとペペロンチーノを食べるのだが、それぞれのグループに伝えられる料理名が違っていた。Ａグループには、ポタージュスープが「低脂肪ごぼう健康スープ」という名前で、ペペロンチーノが「パスタ風ズッキーニと大根の炒め物」という名前で提供された。これに対し、Bグループに伝えられた料理名は「鳴門鯛《だい》のダシたっぷりポタージュ」「モチシャキ二色麺の創作ペペロンチーノ」である。食べた感想を聞くと、Aグループからは「味が薄い」とか「クスリ的な味がする」といった答えが得られ、食事に満足した人の割合はグループの六〇パーセントだった。これに対し、Bグループの感想は「後味が良かった」「優しい味」といったもので、満足した人は八七パーセントだった。

この実験を聞いてどう思うだろうか。まず思いつくのは「名前に騙されている」というものだろう。同じものを食べているのだから同じ味がするはずだし、おいしさも食事から得られる満足感も同じであるはずだ。しかし、実験参加者は名前に惑わされて評価が歪んでしまったのだ。

こうした考えの背後には、おそらく「味やおいしさは舌だけで評価されるべきだ」という見解がある。この考えは「純粋主義」と呼ばれるものに相当する。前の章で述べた通り、美学では食よりも絵画や音楽といった芸術であることが明らかなものが主題となるので、純粋主義もたいていはそうした芸術に関して主張される（グレイシック［二〇一九］第2章を参照）。それによると、絵を評価する際には色使いや構図など眼を通して知られるものだけを考慮すべきであり、その作品がいつ誰によって作られたのかといった情報は評価に反映させるべきではない。そうした情報から影響されない「無垢《むく》な眼」で見て評価すべきである。これを食に当てはめると、料理は「無垢な舌」で味わって評価すべきだ、ということになるだろう。

本章の目的

だが本章では、純粋主義は間違っていると主張したい。その理由は、「無垢な眼」や「無垢な舌」など存在しないからだ。一切の知識や情報を無視して評価を下すことは現実的に不可能である。それだけでなく、かりに「無垢な舌」で評価できる状況を考えてみても、そこで下される評価は私たちが普段下している評価とはかけ離れたものであり、私たちが現実に下す評価の指針となるものではない。むしろ、味の評価は知識や情報の影響を受けたものとして理解しなければならないのである。

とはいえ本章では、「詳しい知識がなければ食を楽しめない」と言いたいわけではない。むしろ、知識がなくとも楽しめる要素もあり、だからこそ知識を増やして食の楽しみを増やしたくなると主張する。本章では、まず純粋主義の間違いを示し、その後で、知識がないときに何が楽しまれているのかについて検討しよう。

歪められた評価

先ほど、料理の名前が味やおいしさの評価に影響するのはおかしいという点から純粋主義を紹介したが、純粋主義を支持したくなる理由は他にもある。いくつか例を挙げてみよう。

たとえば、昼時にたまたま入ったラーメン屋で注文したラーメンがおいしかったとする。こんなにおいしいならさぞ評判になっているだろうと思い、ネットのグルメサイトをチェックしてみた。しかし、そこでの評価はいまいちだった。そうすると、「やっぱりそんなにおいしくなかったんじゃないか」と思えてくるかもしれない。

あるいは、自分が食べたり飲んだりしているものが「一グラム五〇〇〇円相当のキャビア」「材料の卵は契約牧場から毎日空輸される」「丸二日煮込んだビーフシチュー」「三つ星レストランのシェフが作った」「ブルゴーニュ産の五〇年ものヴィンテージワイン」と言われたとしよう。そうすると、もはや「おいしい」としか評価できないように思えてくるのではないだろうか。

しかし、こうした評価はどこかおかしいように思われるだろう。正直に自分が感じたことを言えていない、評価が歪められている、強制されていると感じられる。評価が値段などの情報に左右されてしまうのだ。

しかし、情報に左右されることの何が悪いのだろうか。その理由の一つとして、「そうした情報はおいしさを保証しない」と言われるかもしれない。たとえば、採取できる量が少ない食材のなかには、別においしくはないけれども高いものがある。流通量が少なければ希少価値がついて値段が高くなるので、貴重であれば値段が上がるのだ。そのため、「値段が高い」という情報は、その食べ物を「おいしい」と評価する根拠にはならない。そして、根拠にならない情報がおいしさの評価を左右するのは不当だと思われるのである。

同じことは他の情報にも当てはまる。おしゃれな名前がついているからといっておいしいとは限らない。有名な産地の米でも、保存状態や調理方法が良くなければおいしくならない。有名なシェフが作った料理でも、何らかの理由でシェフが力を発揮できていなければおいしくないだろう。

そうすると、おいしいかどうかは自分で感じたことのみに基づいて判断するしかない、と思えてくるのではないだろうか。もちろん、風邪など味がよくわからなくなっている状態ではおいしいかどうか評価できないが、そうした邪魔が入らなければ、私たちはおいしさを舌で感じることができる。そして、舌を使って正しく感じることができたおいしさは、「おいしい」という判断の十分な根拠になるように思われる。

そうすると、舌から得られた情報があれば十分であり、他の情報は不要だと思われるだろう。不要どころか、他の情報は感じたままの評価を妨げるもの、自分の純粋な体験を汚染する邪魔者に思えてくる。このようにして、自分が感じたものだけを重視し、他の情報を排除する純粋主義が支持されるようになる。

どこまでが「自分で感じたもの」か?

先ほど、純粋主義を「舌のみで評価するべき」と主張する立場として定式化していた。とはいえ、第1章の話を踏まえると、この主張はそのままでは維持できない。前にみたように、私たちが普段感じている味は五感すべてが働くことで得られるものだからである。舌だけでなく、眼や耳、鼻や肌で感じたものも味を構成しているのだ。

とはいえ、純粋主義者は「舌のみ」という点は放棄してもいいと言うだろう。そこは一番大事な点ではないからだ。純粋主義が否定したいのは、「値段が高い」「有名なシェフが作っている」「スープは丸二日煮込んでいる」といった情報が評価に影響することである。

こうした情報は自分の感覚器官を働かせて得られるものではない。むしろ、雑誌に書かれた「このラーメン屋のスープは丸二日煮込んでいる」という文字を見たり、誰かがそう言ったりしたのを聞いたりして、その言葉を頭で理解して得られるものだ。料理名、材料の産地、値段、料理人の経歴、調理の手間暇といった情報は「自分が感じたもの」ではなく、「言葉を介して頭で理解したもの」なのである。

純粋主義の第一の目的は、こうした「言葉を介した情報」を排除することである。そのため、「舌のみ」という点は放棄しても良さそうだ。むしろ、眼や耳を使って得られる情報も、舌を使って得られる情報と同じく、「自分が感じたもの」である。それらも知覚によって得られる情報であり、評価の直接的な根拠として認められるだろう。

まとめると、純粋主義は「評価は知覚によって得られる情報のみに基づいて下すべき」と主張する立場として改訂できる。このような改訂を行っても、「おいしいかどうかが値段や産地に左右されるのはおかしいのではないか」と思う人の気持ちを拾えているのではないだろうか。

しかし、立場が明確になると、皮肉なことに、その弱点や難点も明るみになってしまう。次に、純粋主義の問題を指摘し、この立場が受け入れがたいものであることを示したい。

2　純粋主義の限界

何を評価できるか

純粋主義が特別視する知覚的な情報は、舌が反応する基本味（甘味・塩味・苦味・酸味・うま味など）、嗅覚が捉えるにおい、触覚が捉える温度・重さ・硬さ・食感、喉越し、聴覚が捉える音（咀嚼音など）、眼が捉える色・形・大きさ、といったものになるだろう。たとえばラーメンを食べるとき、そこで得られる知覚的情報は「見た目は黄色で細長く、味はしょっぱくて油っぽく、それなりに噛みごたえがあり、温かい」といったものになる。こうした情報に基づいて下される「おいしい」という評価こそ、純粋主義が本物の判断とみなすものだ。

だが、ここで注意してもらいたいことがある。それは、目の前にラーメンが出てきたときに、私たちは「食べても大丈夫なのか」といちいち考えてなどいないということだ。ラーメンを初めて見た人はそういったことを考えるだろうが、多くの人はそうではない。店で提供されるものはだいたい安全で、食べても大丈夫だと私たちは知っている。もちろん店で食中毒が起こることもあるが、衛生管理がしっかりした現代の多くの飲食店で提供される食べ物はおおよそ安全だ。私たちは「店で提供されるものはだいたい安全」という知識があるからこそ、いちいち安全性を考えることなく提供されたものを食べることができる。もし安全性が確保されていなかったら、食べ物のにおいを何度も嗅ぎながら少しずつ口に入れて咀嚼し、野生動物のように食べなければならないだろう（伏木［二〇〇八］四六頁、伏木［二〇一三］一九四〜一九七頁）。

重要なのは、安全性に関する知識は知覚的情報に含まれていないことである。もし純粋主義の認める知覚的情報しか使えないなら、何かを食べるときには「食べて大丈夫なのか」というところから考えなければならない。だが、そんなことを考えている人はほとんどいない。もし純粋主義を支持しようと思ったら、「安全性を考えずに食べる行動は知識に汚染された不純なものであり、とるべきではない」と言う必要が出てくる。そして、毎回まったく知らない食べ物として安全性を一から真剣にチェックしなければならない。しかし、そんなことが本当にできるのだろうか。かりにできたとしても、毎回そんなことを気にかけていたら食事は楽しめないし、評価どころではないだろう。

純粋主義の問題はこれだけではない。たとえば、純粋主義の枠組みでは「こってり」という評価も不可能かもしれない。というのも、普段から脂肪分の多いものばかり食べている人は、他の人が「こってり」と思うものを食べても「こってり」と評価しそうにないからだ。つまり、「こってり」と評価するためには、自分が普段食べているものと、自分がいま食べているものを比較する必要があるのだ。だが、「自分が普段食べているもの」は、過去に自分が得た情報であり、感覚器官がいま得ている情報ではない。純粋主義には利用できない情報なのである。

知識の体系性

問題は他にもある。ラーメンを食べるとき、たとえそのスープが何時間煮込まれているか、材料に何が使われているか知らなくても、私たちはそれを「これはラーメンだ」と思って食べるだろう。そして、それを食べておいしさを評価するときには、単に「これはうまい／まずい」と評価するのではなく、「このラーメンはうまい／まずい」と評価しているのではないだろうか。つまり、目の前の食べ物をラーメンと認識して、ラーメンにカテゴライズしたうえで、「ラーメンとして」うまいかまずいかを評価しているということだ。実際、ラーメンと寿司《すし》とチーズケーキとコーヒーをすべて同じ基準で評価することなどそうそうない。ラーメンを食べておいしいかどうか評価するときには、通常、寿司としておいしいかどうかとは別の評価基準が使われているのだ。

こうした評価が可能になるためには、ラーメンが何であるかについていくらか知識がなければならない。少なくとも、目の前に出てきたものがラーメンなのかそうでないのかを判定できなければならないのである。だがそのためには「ラーメンでないもの」についてもある程度理解している必要がある。たとえば、蕎麦、うどん、スパゲッティ、などが出てきたときに、「これはラーメンと見た目がいくらか似ているがラーメンではない」と判断できなければならず、そのためには、「蕎麦」「うどん」「スパゲッティ」が何であるかも知っている必要がある。もし「うどん」が何であるか知らなかったら、目の前にうどんが出てきたときに「これはラーメンではない」と言い切ることはできず、「奇抜な／新しいラーメンかもしれない」といった曖昧な判断しかできないだろう。

また、「ラーメンとはこういうものだ」という知識には、「中華料理の一種」ということも含まれている。日本のラーメンはかなりアレンジされたものだが、中華料理にルーツがあることは確かだ。そして、「中華料理」を理解するには、対比として「和食」「洋食」といったこともいくらか理解している必要があるし、「中華」を理解するには中国という国についてある程度知識が必要になる。

さらに、「これは豚骨ラーメンだ」と判断しようとしたら、もっと多くの知識が必要になる。「味噌《みそ》ラーメン」「醬油《しょうゆ》ラーメン」「豚骨ラーメン」が何であるかも知っていなければならないし、「味噌」「醬油」「豚骨」についても理解している必要がある。また、「豚骨」を理解するには「豚」と「骨」について知っている必要があるだろう。「豚」を理解するためには、動物は豚以外に種類があることを理解していなければならず、そのためには、「犬」「猫」「牛」「馬」「鳥」といった他の動物もある程度知っている必要がある。同じく、「骨」を理解するには、「肉」や「内臓」といった体の他の部位も知っていなければならない。

ここまでの話からわかるのは、私たちがもつ知識は体系的なものだということである。「ラーメン」が何であるかを他から独立に理解することはできず、「ラーメン」を理解するには先ほど挙げたような知識をひとまとめで理解する必要があるのだ。もちろん、料理研究家や動物学者レベルの詳しい知識は必要ではなく、日常的に私たちが理解しているもので十分だろう。とはいえ、「これはラーメンだ」と判断するために実にさまざまな知識が必要となることは確かだ。

以上のような知識は感覚器官を通して得られる知覚的情報をはるかに超えている。むしろ、本で読んだり人の話を聞いたり、言葉を介して理解したものが大きく寄与しているだろう。そうすると、「これはラーメンだ」という単純な判断も、言葉を介した情報に下支えされていることになる。

確かに、「これはラーメンだ」という判断を下すとき、言葉を介した情報が積極的に使われているようには思えない。だが、言葉は、さまざまなものを分類したり、理解したり、私たちが何気なく行っている行動を下支えしているものである。下支えしているからこそ目立ってはいないが、それなしには単純な判断や行動さえ成り立たないのだ。

カテゴライズを無視できるか

他方で、純粋主義は言葉を介した情報や知識はおいしさの評価に関わるべきではないと主張していた。そうすると、純粋主義の立場では「このラーメンはおいしい」という単純な評価すら不純なものとして拒否しなければならないことになるだろう。

そうすると純粋主義では、「このラーメンはおいしい」ではなく、単に「これはおいしい」と判断すべきだということになる。「これはラーメンだ」というカテゴライズをせずに、「これ」というレベルで目の前のものを認識し、そのうえでおいしいかどうか評価すべきということだ。

しかし、そんなことが本当にできるのだろうか。かなり疑わしい。というのも、カテゴライズはすばやく自動的になされるものだからだ。私たちは眼に入ったさまざまな対象を自動的にカテゴライズしている。机、椅子、電話、鍋、フライパン、箸、皿、道路、車、などなど、眼につくものは勝手に分類されている。いちいち「これは机だ」という言葉を頭に浮かべなくても、他人から「これは何ですか」と聞かれれば「机です」と答えられる状態になっている。何のカテゴライズもされずに「これ」レベルの認識にとどまっているものなどそうそうない。

そうすると、純粋主義が言うようにおいしさを評価するためには、自動的になされてしまったカテゴライズを意図的に無視したり取り消したりしなければならないことになる。しかし、本当にそんなことができるのだろうか。ラーメンであることを忘れ、「これ」という認識に戻すことなどできるだろうか。もしそんなことができたとしても、そう簡単には食べられない。前述の通り「安全なのか」ということから確認しなければならなくなるからだ。

ここで純粋主義者は「安全な食べ物にはカテゴライズするがラーメンにはカテゴライズしないで食べればいい」と言い出すかもしれない。だがここでも、そんな都合の良いカテゴライズが本当にできるかどうかが問題になる。先ほど述べた通り、カテゴライズは自分の意志とは関係なく勝手に行われてしまうからだ。それなのに、「このカテゴライズはするがこのカテゴライズはしない」というような選択が可能なのだろうか。私にはそうは思えない。

それでも純粋主義者は、「訓練したらできる」と言い張るかもしれない。しかし、それはどんな訓練なのだろうか。また、そうした都合の良いカテゴライズに成功した場合と失敗した場合を分けるものは何なのか。こういったことが具体的に説明されない限り、純粋主義には何の説得力もないだろう。

百歩譲って、そうした都合の良いカテゴライズが可能だとしてみよう。しかし、そのときに得られる情報は興味深いものではない。前に述べた通り「見た目は黄色で細長く、味はしょっぱくて油っぽく、柔らかいがそれなりに噛みごたえがあり、温かい」くらいにしかならない。この判断は多くのラーメンに当てはまるし、それどころか、ちゃんぽんやスープスパゲッティにも当てはまる。そんな状態で味を評価しても、かなり雑な評価にしかならないだろう。自分でも何がどうおいしいのかよくわかっていない状態にあるのではないだろうか(言語による体験の明確化は第5章で詳しく取り上げる)。

何を楽しめるか

ここで純粋主義者は、「知識がなくて雑な判断しか下せないとしても、それでも食事は楽しめる」と反論するかもしれない。食事にとって大事なのは正確な評価を下すことではなく、その味から喜びや楽しみを得ることであり、そのために知識は不可欠ではないと主張するのである。どうおいしいか理解できていなくても、とにかく食べる喜びや楽しみを感じられればいいということだ。

確かに、知識が少なくても得られる楽しみはあるだろう。自分が生まれ育った文化にはない他文化の料理を初めて食べるとき、「これは何なのか」「食べて大丈夫なのか」と思ったが、口に入れてみて「おいしい」と思う場合がある。そのときには、よく知らない食べ物から食べる楽しみが得られているだろう。

しかし、知識があった場合はどうだろうか。知識は楽しみに貢献しないのだろうか。この点を検討するために、トマトやチーズやバジルやオリーブオイルが使われた「イタリアンラーメン」という創作ラーメンを食べる場合を考えてみよう。しかもそれは、ラーメンをイタリア風にすることに成功していて、なおかつ味も良かったとする。

それを食べた純粋主義者は味に満足し、「おいしい」と評価する。「ラーメンだ」とか「イタリア風だ」という知識をなんとか無視し、純粋に知覚的な情報だけのおいしさを感じるのである。

これに対し、「これはラーメンだ」「イタリア風だ」という知識に基づいたカテゴライズができれば、知覚的情報に基づいて「おいしい」と評価するだけでなく、「ラーメンなのにイタリア風になっているのが目新しい」と気づくことができる。イタリアンラーメンがラーメンの標準から外れたものであることを理解し、その意外性に驚きつつも、それでもラーメンになっている工夫に感心できるのだ。こうした意外性や工夫を楽しむためには、「ラーメン屋ではだいたいこんなものが出てくるだろう」と予想できる必要があり、その予想は「ラーメンとはこんなものだ」という知識に基づいているのだ。

単純に言えば、知識があった方が喜びや満足が増えるということだ。逆に、知識を排除する純粋主義では食事の楽しみも少なくなってしまうだろう。

ここまでの話からすると、純粋主義は、本当に可能かどうか疑わしい雑な判断をすべきだと主張し、また、食事の楽しみを減らすことを推奨する立場だということになる。しかし、こんな立場を支持したいと思えるだろうか。あるいは、純粋主義が言うようにして食事をしたいと思えるだろうか。少なくとも私にはそうは思えない。最初に純粋主義が正しいように思えたのは、結局のところ、この立場が本当のところどういうものであるかを正確に理解していなかったからではないだろうか（グレイシック［二〇一九］第2章では、音楽に関する純粋主義に対してこうした批判が展開されている）。

3　知識の良い／悪い影響

邪魔な知識はあるのか？

純粋主義がうまくいかないとしても、純粋主義を支持したくなる理由があることは確かだ。前述の通り、知識や情報のせいで自分が感じたままに食事を評価できない場合がある。純粋主義はそうした場合を強調するあまり、知識や情報をすべて排除しようとしている。しかし、それはあまりにも短絡的な反応である。先ほどみたように、知識があるおかげで評価や楽しみが豊かになるからだ。

そうすると、良い情報と悪い情報を分ける必要があると思われるかもしれない。食べ物に関する情報のなかには、評価や楽しさを歪めてしまう悪いものと、豊かにする良いものがあり、良い情報だけを利用すべきだということである。

だが、話はそう単純ではない。というのも、同じ内容の知識や情報が、判断を歪める場合もあれば、助けになる場合もあるからだ。悪い知識（情報）と良い知識（情報）があるのではなく、同じ内容の知識（情報）が悪い方に働く場合と良い方に働く場合があるのである。まず悪い場合から説明しよう。

認知的不協和

次の状況を考えてみてほしい。あなたは偶然手にとった雑誌で取り上げられていたラーメン屋に興味が湧いた。しかし、その店は自分の住んでいる地域からだいぶ離れたところにある。しかも、店は最寄り駅から徒歩二〇分はかかる。長い時間とそれなりの交通費をかけて店の前まで来たら、店の前にものすごい行列ができている。一時間ほど並んでようやく席につき、ラーメンを食べることができた。

その翌週、またラーメンが食べたくなった。家の近所を散歩していると、偶然、先週行った店から暖簾《のれんわ》分けした店を見つけた。その店は先週行った本店とまったく同じ仕入れ先の材料を使っていて、調理工程もまったく同じである。しかも、先週本店であなたが食べたラーメンを作った人が偶然ヘルプで暖簾分けの店に入っており、今週もその人が作ったラーメンを食べられた。この状況では、今週食べたラーメンは先週と比べてまったく遜色《そんしょく》がないことになる。

しかし、いま目の前にあるラーメンと先週のラーメンを「同じおいしさ」と判断することはできないだろう。むしろ「先週の方がおいしかったな」と思うはずである。たとえあなたがグルメだったりラーメン通だったりしたとしても、「同じおいしさ」と判断するのはかなり難しいはずだ。というのも、人間の心には苦労して手に入れたものを高く評価してしまうクセが備わっているからである。

そのクセは「認知的不協和の解消」と呼ばれるものである（フェスティンガーほか［一九九五］）。ここで言う「認知」とは、記憶、思考、知識、欲求といった心の状態／働きのことである。認知的不協和理論によれば、人間は複数の認知の折り合いがつかなくなっている（不協和にある）状態を嫌う。不協和状態は飢えや渇きのように不快なものであり、私たちはそれをなんとか避けようとするというのである。

先ほどの例で不協和を起こすのは、「先週のラーメンは食べるのに多くの時間と労力がかかった」「今週のラーメンは簡単にありつけた」「先週と今週のラーメンのおいしさは同じだ」の三つである。この三つをすべて認めてしまうと、先週あなたがラーメンを食べるためにかけた時間や労力は完全に無駄だったと認めることになる。さらに、簡単に手に入るものに時間と労力を無駄にした自分は愚かだと認めなければならなくなってしまう。しかし、それを認めるのは非常に難しい。そのため、この三つをすべて受け入れることができず、認知的不協和が生まれるのである。

不協和の解消

この不協和を解消するにはどうすればいいのか。目の前のラーメンを軽視すればいいのである。つまり、「先週のよりおいしくない」と評価すればいいのだ。実際、他の二つは否定しようがない。先週のラーメンにかけた時間や労力はどうやっても戻ってこない（過去は変えられない）。そして、いま食べているラーメンは実際に簡単に手に入っている。そうすると「おいしさは同じ」を否定するしかない。時間と労力をかけた先週の方が「おいしかった」と思わなければ割に合わないのである。

認知的不協和の解消は食べ物の評価だけを説明するものではなく、一見すると不可解な人間の行動を広く説明してくれる。タバコが健康に悪いと知りつつやめられないのは、「タバコは健康に悪い」という知識と「タバコを吸いたい」という欲求が不協和を起こし、それを解消するためにタバコの害が低く見積もられ、「吸っても大丈夫」と考えられてしまうからである。また、非常に効果の怪しい高額な商品を買い続けることも説明できる。一度その商品に手を出してしまったら、高いお金を出したという事実は消えないので、他人からいくら「そんなの怪しい、インチキだ」と言われようとも、「素晴らしいものだ」と信じなければならない。そもそもフェスティンガーは、荒唐《こうとう》無稽《むけい》な予言を掲げる（大洪水により世界が滅びるが信者だけはＵＦＯが助けてくれるという）カルト宗教にはまった人たちの行動を説明するものとして認知的不協和理論を提唱している。

認知的不協和の解消によって、食べ物の判断が歪められるさまざまな場面が説明できるようになる。高いお金を払ってありつけたものは、その分だけおいしくなければ辻褄《つじつま》が合わない。有名なシェフが作った／有名な産地の材料が使われているものは、それだけ値段が高いので、高いぶんおいしく感じられなくてはならない。名前が凝った料理も、そこに作り手のこだわりを感じれば、その分だけおいしいに違いないと思ってしまうのである。また、自分で時間と労力をかけて作った料理も、それに見合うぶんだけおいしく感じられるだろう。

認知的不協和の解消は意図的になされているわけではなく、人間の心がいろんな場面で勝手にやってしまうものである。不協和を避けようとする行動が自然と生まれてしまうのだ。グルメやラーメン通がラーメンを評価する場面でも、こうした心の働きは自動的に生まれてしまうだろう（むしろ、有能なグルメやラーメン通、批評家であるためには、こうしたバイアスを意図的に抑えつける能力を身につけている必要がある）。

注意を促す情報

しかし、値段などの情報は必ず悪い方向に働くわけではない。むしろ、食べ物の特徴を捉える助けとなることもある。それを理解するために重要なのは、注意の向け方だ。たとえば、友人の家に行って、紅茶を出されたとしよう。ちょうど喉が渇いていたので一気に飲み干した。この場合、紅茶を飲む第一の目的は喉の渇きを癒すためで、その味を楽しむ余裕はなかった。

しかし、友人から「その紅茶は一〇〇グラムで四〇〇〇円する」と聞いたらどうだろう。近所のスーパーで簡単に手に入るものの一〇倍、下手《へた》したら二〇倍の値段だ。こうした値段の情報を得た後では、同じ紅茶をもっと注意して飲むようになるだろう。どんな味わいや風味がするか、いつも飲んでいるものとどう違うか気になってくるはずだ。それにより、以前は気づかなかった柑橘《かんきつ》系の香りや味わいに気づくことができるようになる。そして、「味や香りが普通とは違う」と判断できたり、より楽しんで紅茶を飲めるようになったりする。

この場合、値段の情報は評価を直接変化させているわけではない。それが変化させているのは知覚的な注意だ。注意の変化により知覚を通して得られる情報が変化し、違った評価が下されているのである。この場合、「値段が高い」という情報は、「おいしい」という評価を強制するものとはなっていない。むしろ、知覚を変化させるきっかけの一つになっているだけである。友人が紅茶の値段を言わないで「もっとじっくり味わってみてよ」とだけ言っていたとしても、同様に注意が変化し、同じような評価の変化が生まれていたかもしれない。

本章の冒頭で挙げた実験も、同じように解釈できるだろう。「低脂肪ごぼう健康スープ」と聞くと、ごぼうや脂肪の少なさに注意が向く。これに対し、「鳴門鯛のダシたっぷりポタージュ」では、鯛のダシに注意が向くだろう。口に入ったものは同じでも、そのなかの何に注意するかによって感じられる味が変化し、評価が変わってしまうのだ。

もちろん、注意の変化が必ず良い結果をもたらすとは限らない。注意深く味わってみると前には気づかなかった雑味が感じられるようになって、「おいしくない」と思う可能性もある。また、「これくらいの味の紅茶にそんなお金を出すなんて、騙されたんじゃないか」と友人を残念に思うこともあるかもしれない。とはいえその場合でも、注意深く味わうことで紅茶がもつ特徴をより細かく捉え、より正確に味を判断し、より正確な評価を下すことができるようになっているだろう。

同じことは他の情報にも当てはまる。材料の産地はどこか、どういう経歴の料理人が作っているか、どういった製法で作られているのか。こうした情報は注意に影響する。「隠し味に醤油が使われている」と聞いたら、たとえ醤油そのものの味はしなくても、何か普通と違うところがあるのではないかと思い、それを探ろうと注意して味わうようになるだろう。

知識の恩恵と弊害

ここまでみたように、同じ情報が良く働く場合もあれば悪く働く場合もある。値段に関する情報は、認知的不協和の解消という過程を経て判断を歪める場合もあれば、注意の変化を生み出して対象のより正確な情報を得るきっかけにもなる。そうすると、「産地の情報は良いが値段の情報は悪い」というようにして、内容によって良い情報と悪い情報を区別することはできないことになる。どの情報も、良くも悪くも働きうるものなのだ。

そうすると、いっそのこと知覚以外の情報をすべて遮断した方が手っ取り早いと思う人もいるかもしれない。だが、それが行き着く先は見込みのない純粋主義である。むしろやるべきことは、情報がどのようにして悪い影響をもたらすかを理解し、自分の判断がそれに左右されていないかを気にかけることだ。たとえば、高いお金を払って食事したときには「認知的不協和の解消のせいでおいしいと思わざるをえなくなっているのではないか」と自問してみるのが良いだろう。

ここまでの説明は食以外の場面にも一般化できる。音楽を再生する前に「ナントカ弦楽四重奏」というタイトルを眼にしていたら、演奏者が四人いるとわかり、四人の演奏を聴き分け、そのうえで四人が奏でる音の重なり合いを鑑賞することができる。タイトルを知らずに同じ曲を聴き、何人で演奏しているのかわからない状態では、そのような鑑賞はできそうにない（音楽に詳しくない人はとくにそうだ）。そのとき、「すごい重厚な演奏だ」という評価はできるかもしれないが、「四人だけでこんなに重厚な音を出せているなんてすごい」という判断を下すことはできないだろう（作品タイトルが鑑賞にもたらす影響は佐々木［二〇〇一］で詳しく考察されている）。

このように、知識は楽しみを増やしてくれるものだが、他方で、知識に嫌悪感を抱く場面も少なくない。たとえば、自分が「あのラーメン屋がおいしい」という話をしているときに、近くにいた知人が「でもその店はラーメン評価サイトでの点数が低い」とか「その系統のラーメンなら私がいつも行っている店の方がおいしい」とか言ってきたとしよう。さらにその人が「私がいつも行くラーメン屋は有名店で修業した人が店主をしていて〜」とか「その店は製麺所にもこだわっていて〜」とか言ってきたらどうだろう。かなりうんざりするはずだ。

純粋主義を支持したい気持ちになるのは、この手の不快な経験があるためかもしれない。そうした人に対して「頭でっかちでうるさい。大事なのは自分がどう感じるかで、知識なんか関係ない」とつい思ってしまう。正確には、こうした場合で嫌悪されるべきなのは知識ではなく知識を自慢してくる人なのだが、坊主が憎ければ袈裟《けさ》まで憎く、知識も嫌悪の対象となってしまうのだ（こうした知識自慢は食に限ったものではなく本当にいろいろなところにいるし、芸術に関してはとくに多いように思われる）。

確かに、そこまで詳しい知識がなくても、食事を楽しむことはできる。実際、本章ではこれまで、「知識がないときの楽しみは少ない」といった言い方はしてきたが、「知識がないと食事を楽しめない」とは言っていなかった。重要なのは、「楽しみが少ない」場合でも「いくらかの楽しみはある」ということである。最後に、それはどういう楽しみなのかについて検討してみよう。

4　体験の楽しみ

知識が少ないときの楽しみ

先ほど、「知識が少なくても楽しめることがある」と述べたが、むしろ、「知識が少なくても楽しめるものが必ずなくてはならない」とまで言っても良さそうだ。というのも、もし知識が少ない段階では何の楽しみもないなら、知識を増やそうという欲求など出てきそうにないからである。最初から何も楽しくないものを掘り下げようとは思わない。知識が少なくても楽しめるものがあるからこそ、その楽しみを増やしてくれる知識を増やしたいと思うのではないだろうか（この点は芸術やスポーツにも当てはまる）。

では、知識が少ないときの楽しみとは何か。まず思いつくのは、知覚を通して得られる情報である。甘いとか歯ごたえがあるとか温かいといったもの、感覚器官が刺激されれば得られるようなものである。要するに、純粋主義が認めていた情報だ。

しかし、これだけなのだろうか。他に楽しまれているものはないのだろうか。

この問題に対し、以下では次のように主張したい。私たちが何かを食べるとき、楽しまれているものが少なくとも二つある。一つは自分が食べている「対象がもつ価値」であり、もう一つが食べるという「経験がもつ価値」である。そして、知識が少ないときに楽しまれているのは主に後者である。

とはいえ、これだけでは抽象的すぎてよくわからないので、もう少し具体的に説明しよう。その例としてふさわしいと思われるのは、お酒を飲む場面だ。

対象の価値と経験の価値

酔っていない状態で酒に口をつけ、しばらく飲んでいるとき、私たちは酒そのものがもつ味、香り、アルコールの刺激などを味わい、それらを楽しんでいる。それは、流れている音楽に注意を向け、そのリズムや音色、ハーモニーの美しさを鑑賞するのと同等だろう。このとき楽しまれているのは、自分が知覚している対象がもつ特徴とその価値である。また、リズムなどの音楽的特徴によってそれぞれの曲に優劣がつけられるように、味や香りによって、それぞれの酒に優劣がつけられるだろう。
しかし、飲み続けて酔ってくると、酒の味や香りをうまく感じることができなくなってくる。当然のことだが、飲めば飲むだけ知覚や判断が鈍ってくるからだ。そのため、飲み過ぎると、もはや酒自体の価値を楽しむことはできなくなる。対象の価値は楽しめなくなってしまうのだ。

だが、それでも飲み続ける人もそれなりにいる。酒自体の価値を楽しむことはできないのに、なぜ飲み続けるのだろうか。

その理由は、酔っているという自分の状態を楽しんでいるからではないだろうか。そして、その状態を持続させるために飲み続けているのである。というのも、このあたりになると酒は割と何でもよくなってくるからだ。もちろん、酒自体の価値が何もわからなくなるわけではなく、ウィスキーとビールの味や香りの違いはわかるだろうし、よっぽどまずいもの（対象としての価値がかなり低いもの）は飲みたくない。だが、重要なのは酩酊《めいてい》状態を維持することであって、どういった味の酒が酩酊状態を維持するかは二の次になっているのである。

この場面では、「対象の価値が経験の価値を決定する」という通常成り立つ関係が崩れている。普通なら、酒がポジティヴな価値（良い味や香り）をもっており、その価値を把握できるからこそ、それを味わっている自分の経験もポジティヴで楽しいものとなる。だが、酩酊によってこの関係が崩れ、対象のポジティヴさが把握されなくなってしまう。それでも、酩酊という経験自体がポジティヴな価値をもち、それが楽しまれるのである。

別の例として、寿司の食べ放題に行った場面を考えてみよう。お腹《なか》が空《す》いているときには寿司がもつ価値が楽しまれている。脂がのっているとか、歯ごたえがあるとか、米が口のなかで自然にほぐれるとか、それぞれの寿司がもつ味や香りが楽しまれるのだ。だが、お腹がいっぱいになってくると寿司がもつ価値は楽しめない。それ以上食べても苦しさの方が勝ってしまうからだ。このとき、これ以上は食べられないという自分の状態がもつネガティヴな価値によって、寿司がもつポジティヴな価値が楽しめなくなってしまう。経験のネガティヴさが対象のポジティヴさを阻害してしまうのだ。それでも食べ続けるとしたら、寿司が楽しめているからではなく、「食べ放題だからたくさん食べないと損だ」と考えているからだろう。

以上のように「対象の価値」と「経験の価値」は異なる楽しみ（あるいは苦しみ）を与えるものとして区別できる。この区別に対する反論もあるかもしれないが、本章の残りは反論に対する再反論ではなく、この区別を導入することで評価に関わる私たちの行動がうまく整理できるようになること、つまり、この区別がもつ説明力を強調することにしたい。

二種類の価値と知識

ラーメンについて詳しい知識がある人は、この店のラーメンが他の店のラーメンとどう違うか理解することができる。この味の源流はあの店にあるが、暖簾分けしているうちに各店で工夫が施されて多種多様になり、そうした多様な分流のなかでこの店は他とここが違う、といったことが理解できる。それに気づくときには、そのラーメンが他とどう違うか（その対象にどういう独自の価値があるのか）という対象の価値が楽しめ、さらに、それに気づけたという経験の価値も楽しめるだろう（ちなみに、先に挙げたラーメン知識自慢は、「違いに気づけた」という自分の経験の価値を、ラーメン自体の対象の価値と混同し、そのうえで他人に伝えているので理解されないのだと思われる）。

同じことは、絵画、音楽、彫刻、文学、写真、ダンスといった芸術鑑賞にもあてはまる。この作品はどういうジャンルで、あの作品の影響を受けていて、ここが他の作品と違っていて、といった知識があることで気づける対象の価値がある。そして、それに気づけた経験も楽しめるのだ。知識があるおかげで対象の価値をより正確に把握することができ、それに応じて経験の価値（対象の価値に決定される経験の価値）も増えてくるのである。

しかし、知識が少ない段階でも自分の経験の価値を楽しむことはできる。自分が食べているラーメンが他のラーメンと比べて何が良いかわからなくても、そのラーメンによって満足感を与えられている自分の状態、自分の経験をポジティヴに評価することができるのだ。
芸術鑑賞にも同じことが言える。芸術に関する知識が少なくても、作品によって心を揺さぶられている自分、ゾクゾクしている自分を楽しむことができる。そこで楽しまれているのは、作品そのものというよりも（もちろん、作品の価値もいくらかは把握されているが）、作品を鑑賞している自分の状態の価値なのではないだろうか。

こうした経験の価値は、知識を増やすうえで重要だ。知識が少ない段階では、対象の価値はそこまで楽しめない。自分の目の前にあるラーメンや絵画が他と比べてどうすごいのかまでは理解できず、違いを楽しむことはできない。それでも、その対象と関わった自分の経験を楽しむことができる。他と比べてどうかはわからないが、とにかく目の前のものはおいしい、心地よい、と感じることができるのだ。そして、そこで得られたポジティヴな経験をより増やすために、似たようなものを何度も経験し、そのうち知識が増えていく。知識が増えると、以前は気づけなかった対象の価値に気づけるようになり、それが楽しみを増やすことにもなるのだ。

さらに、二種類の価値の区別を使うと「個人的な楽しみ」「好み」と言われるものも説明できそうだ。たとえば、多くの人が「まずい」という食べ物や「ひどい」という作品を、自分は「おいしい」「素晴らしい」と思っている場面を考えてみよう。そのときに自分が楽しんでいるのは、対象の価値ではなく経験の価値かもしれない。対象となる食べ物や作品は客観的には良くないものだが、その対象によって自分が満足させられたり自分の心が動かされたりしている様子は、自分にとって良いものなのだ。

また、「作品を自由に鑑賞する」という場合に楽しまれているのも経験の価値かもしれない。楽しまれているのは、作品そのものというより、その作品に触発されてアレコレ考えている、想像力を働かせている自分の状態なのだ。

まとめ——食の楽しみと知識

本章の議論をまとめよう。純粋主義は、食の評価に知識や情報は邪魔だと主張する。重要なのは感覚器官を働かせて得られる知覚的情報であり、それに基づいておいしいかどうか判断したり、その情報から喜びや楽しみを引き出したりすべきだというのだ。

しかし、何の知識もなければ、何かを食べるときに毎回「これは食べて大丈夫なのか」からチェックしなければならず、食事を楽しむどころではない。また、純粋主義では「これはラーメンだ」といった知識に基づくカテゴライズを阻止しなければならないことになるが、そうしたカテゴライズはすばやく自動的になされるもので、本当に阻止できるのか疑わしい。かりに阻止できたとしても、そのときに下せる判断は「これはおいしい」くらいの中身のないものであり、また、料理の意外性や工夫を理解する楽しみも得られない。以上からすると、純粋主義は支持できる立場ではない。

とはいえ、知識が少なくても楽しめることはある。知識が少ないと対象が他と比べてどう良いのかはわからないが、対象の知覚的情報を楽しむことはできる。さらに、そのときの自分の状態を楽しむことができる。他と比べてどう良いのかはわからないが、対象を経験している自分の状態の良さを楽しむことができるのだ。

とはいえ、知識が増えた方がより多くの楽しみを得られるし、知識がなければ楽しみが少ないことは確かである。聞いてもいない知識を他人からひけらかされたときに「うざい」と思うことはあるだろうが、悪いのは知識ではなく自慢する人の方だ。知識は、うまく使えるなら、食事や芸術鑑賞の楽しみを増やしてくれるものなのである。

第5章　おいしさの言語化

本書はこれまで飲食物とその味についてさまざまな角度から語ってきた。本章では、味について語るときの言葉に焦点を合わせよう。

本章で取り上げる問題は二つある。一つは、「私たちはなぜ味を言葉にするのか」というものだ。この上ない高級料理を味わったときの感動や、自分にとって大事な思い出の味を言葉にするのは難しい。ともすれば言葉にすることが不可能だと思われるかもしれない。それでも私たちは、自分が感じた味についてさまざまな言葉を使って語っている。それはなぜなのか。本章の前半では、味を言葉にすることで何が得られるのかを考察しよう。

もう一つの問題は味の比喩に関するものである。とくに、「優しい味」に焦点を合わせたい。「優しい」は文字通りには人の性格や行為を表すために使われる言葉、思いやりのある行動をとる人を指す言葉である。しかし、味は人ではないし、味そのものが文字通りの意味で他人を思いやることもない。そのため「優しい味」は何かしら比喩的な意味で使われている。では、その比喩とは何なのか。本章の後半では、認知言語学の研究も参照しつつ、「優しい味の何が優しいのか」という問題を考察する。

1　筆舌に尽くしがたい

言葉にすべきではない

味やおいしさは言葉にできないと言われることがある。あの頃あの店で食べたあのラーメンのおいしさは筆舌に尽くしがたい。どんなに言葉を連ねてもうまく捉えられない。他の店のラーメンもそれに似ているのだが、やはりどこか違う。しかし、何が違うか言葉では説明できない。こういったもどかしい気持ちになったことはないだろうか。

おいしさは言葉にできないだけでなく、言葉にするべきではないという考えをもっている人もいるかもしれない。何かを食べて言うべきなのは「おいしい」「まずい」くらいで、料理についてくどくど語るべきではないということだ。というのも、味を言葉にすることで何かしら弊害が出てくると思われるからである。

たとえば、「言葉にすると自分の体験から大事なものが失われる」と考える人もいるかもしれない。このラーメンには他にはない特別なおいしさがあるのに、それを「濃厚でコクがある」といったように言葉にすると、自分の体験が何か陳腐なものになった気がする。というのも、「濃厚でコクがある」は他の店のラーメンにも当てはまるからだ。この店のラーメンは他とは違う特別なものであるのに、言葉では他との違いが出てこない。その味の特別さが言葉の一般性によって奪われてしまうのである。こうした点から、自分が体験した特別さを大事にしたいなら味は言葉にすべきではないと考える人もいるだろう。

これとは別に、食に対してさまざまな言葉を使うのがいけすかないと思う人もいるかもしれない。たとえば、「雨上がりの深い森でたちこめる腐葉土《ふようど》の香りのワイン」「自然栽培で育てられた野菜本来のたくましい味」といった言い回しを聞いても、どういう味がするのかよくわからない。こうした表現は、感じた味を説明することよりも、自分がどれだけ言葉を知っているかを自慢するためになされている（味を表しているのではなく自分語りをしている）ように思えてくる。気取った表現を使う人は、料理を味わうことより言葉を探すことに注意が向いていて、言ってみれば、味そのものに向き合ってない。こうした評論家ぶった表現に嫌気がさすと、余計な言葉を喋《しゃべ》るべきではないと思われるだろう。

以上の論点は食に限らない。絵画、音楽、演劇についてああだこうだ言うことで、鑑賞体験が陳腐なものになってしまうように思えることがある。また、鑑賞された作品よりも鑑賞した自分自身に注意が向いてしまっているようなレビューもあるだろう。そういった例をみると、体験を言葉にすることには弊害があると思えてくる。

これに対し本章では、おいしさを言葉にすることにも重要性があると主張する。とくに、言語化をあきらめると食事の経験も乏しくなることを示したい。前章では知識がなければ経験も貧困になると述べたが、それと同じようなことになるのだ。

だがその前に、食の経験にとって言葉は役に立たないという考えをもう少し明確にしておきたい。そうすることで、その主張の弱点もみえてくるだろう。

知覚の区別と言葉の区別

先ほど、自分の体験した味の特別さは言葉では捉えられないと述べた。この点は味覚に限らず、知覚一般に当てはまる。それを理解するために、眼を使ってなされる色の区別と言葉による色の区別を対比させてみよう。

たとえば、トマトもイチゴも紅葉《もみじ》もバラも「赤い」と言われる。しかし、まったく同じ色をしているわけではない。トマトやイチゴの赤さには光沢があるが、紅葉やバラの赤さはそうではない。また、トマトとイチゴの赤さも違っている。イチゴは表面のつぶつぶで凹凸《おうとつ》があるため、トマトのつるつるした表面とは陰影の具合が異なっている。こうした例からわかるように、「赤」という言葉の適用範囲には一定の幅がある。いろんな赤さ、赤さのグラデーションがあるのだ。

もちろん、「赤」よりも狭い範囲を指す言葉、たとえば、「朱」「茜《あかね》」「真紅」「チェリーレッド」「スカーレット」といったものもある。だが、それらが意味するものにも一定の範囲がある。「朱色」と言われる二枚の紅葉を見比べても、それぞれの色合いが微妙に異なっているだろう。

以上からわかるのは、言葉による区別は知覚による区別よりも粗いということである。二つの色、二つの音、二つの形、二つの味は、見たり聞いたり触ったり味わったりすれば区別できるのだが、その違いに対応するような言葉が見つからないことがある。そのため、ある料理を食べたときに感じた味だけに当てはまり、よく似ているが違った味を除外する特別な言葉が見つからない場面も出てくる。そうした場面に出くわすと、味は言葉で表現することはできないと思えてくるだろう。

とはいえ、この問題は解決できないものではない。確かに、私たちが普段使っている言葉のなかには、幅がない（特定のものだけを指す）言葉はないかもしれない。だが、そういう言葉を新しく作ることは可能である。専門用語などはまさにそうした理由から作られているだろう。たとえば色を定義するためのカラーコードでは、「#191970」など、十六進法によって日常的な色用語よりもずっと細かい区別が使われている。「#191970」と「#191971」の違いは、視力が悪ければ見分けられないくらい細かいものだ。

やろうと思えば味にもそうした言葉を作り出すことができるはずだ。「砂糖○グラム、塩○グラム、味噌○グラム、酢○ミリリットル……」で作った味に特別な名前をつければいいのである（砂糖や塩のメーカーを指定すると、より細かい区別がつけられる）。ひょっとすると、同じ味の商品を大量生産している食品メーカーには、そうした特別な言葉がすでにあるかもしれない。ともかく重要なのは、たとえ日常的な言葉づかいで違いが表現できなくとも、その違いを表す言葉を新しく作れば良いということだ。

解決法はこれだけではない。これとは別に、既存の言葉をたくさん重ねるという方法もとれる。「濃厚な」が当てはまる料理は数えきれないほどあるとしても、「濃厚でコクがある」というように「コクがある」を追加することで、当てはまる料理の幅が狭まる。「口に入れてすぐコショウのにおいが鼻を抜け」を付け足すとさらに範囲が狭まるだろう。

また、第1章でみたように、私たちが感じる味は五感すべてが得た情報が統合されたものであるため、他の感覚の言葉も使えるはずだ。たとえば、「香ばしい」「あつあつ」「コリコリとした」「色鮮やかな」といったものである。こうした作業を繰り返していくと、特定の料理にしか当てはまらない表現が作れるだろう（以上のような多様な表現については、角［二〇一九］第四章および、瀬戸＆味ことば研究ラボラトリー［二〇二二］に収録された各論文を参照）。

こうした多様な言葉を使う試みは、自分が感じたものを他人に伝える職業では頻繁に行われている。調理師、料理研究家、フードコーディネーター、ソムリエ、調香師、画家、デザイナー、作曲家、演出家などだ。こういった人々の仕事では、言葉が果たす役割が非常に重要になってくる。次に、言葉が果たす役割がどういうものかを説明しよう。さらにそこから、言葉がなければ経験も乏しくなるということを明らかにしたい。

2　言葉の役割

判断材料の提供

私たちが言葉を使う目的の一つは情報伝達である。体験を言葉にして伝えることで、それを体験していない人にも「その体験がどのようであるか」が伝わるのだ。

たとえば、他人から「あそこに新しくできたラーメン屋は味噌ラーメン専門店だったよ」

と聞けば、実際に行かなくても、その店に行けば味噌ラーメンが食べられる、豚骨ラーメンや醬油ラーメンは食べられない、と知ることができる。こうした情報は自分が何を食べるかを判断するための材料となるだろう。それを参考にすることで、ラーメンが食べたいときに「あの店に行ってみよう」と思えるし、ラーメンは食べたいけど味噌ラーメンの気分ではないときには「あの店ではない」と判断できるようになるのだ。

さらに、もしラーメン店について伝えてきた人が味に関して信頼できる人だったら、「おいしかった」「他では味わえない濃厚さ」（あるいは、「おいしくなかった」「どこにでもあるような味だった」）といった評価も参考にすることができる。その情報に基づいて、おいしいラーメンが食べたいならそこに行こう（または、あの店はおいしくないから避けよう）と判断できるのだ。

以上のように、言語化された他人の体験について知ることで、自分では体験していない物事についての情報が得られ、その情報に基づいて自分の行動を決定することができる。私たちが言葉を使う目的の一つは、このようにして情報を共有し、行動のための材料を増やすことである。

こうした目的は「赤」など幅のある言葉でも果たすことができる。たとえば、「新しく発表されたパソコンの色は赤だった」と聞いたとしよう。それを聞いただけでは、どういった色合いの赤なのかはわからない。だがそれでも、「緑だったら買おうと思っていたけど、赤ならやめとくか」と判断できる。同様に、「あの店のラーメンのスープはさっぱりしている」と聞いたら、具体的にどんな「さっぱり」なのかわからなくても、「今日はこってりしたものを食べたいから別の店に行こう」と決めることができる。言葉による粗い区別の情報も判断材料になるのだ。

気をつけなければならないのは、言葉の目的は体験の代わりとなることではない、という点である（Sibley［2001］p.219）。たとえば、「濃厚で、コクがあって、口に入れてすぐコショウのにおいが鼻を抜け、後味の風味はすぐに消え……」というように言葉を重ね、特定の料理の味にしか当てはまらない表現ができたとしよう。その表現を耳にしたからといって、実際に味が感じられるわけではない。だが、言葉が体験の代わりにならないことは、言葉の欠点ではない。というのも言葉の役割は、その味を体験しに店に行くかどうかを決めるうえでの判断材料を与えることだからだ。そして、その役割は先ほどの長い表現で十分果たせるだろう。体験の代わりを言葉に求めるのは、言葉の目的を理解していない筋違いな願望なのである。

体験の明確化

言語化によって得られる利益は、他人から判断材料をもらえるだけではない。これとは別に、言語化した当人にとっても利益となるものがある。それは、自分の体験を明確にする助けとなるというものだ。

例として、いま食べているカレーと先週食べたカレーの違いを比べる場合を考えてみよう。しかも、言葉を使わずに比較してみるとする。いま食べているカレーはまさに味がしているが、先週食べたカレーの味はいまはしない。先週のカレーはどうだっただろうか。それを思い出そうとするときに、再び口のなかに味が広がってくるわけではない。何かぼんやりとしたイメージは浮かんでくるかもしれないが、非常に頼りないように思われる。いまのカレーと何か違うとはわかっても、どう違うのかまではうまく理解できないだろう。さらに、先週食べたカレーと先々週また別の店で食べたカレーの違いとなると、違いはより曖昧になってくる。

だが、言葉を使えば区別をつけるのは簡単だ。「いま食べているカレーは、ルーはサラサラして、しびれるような辛さ、ヨーグルトの酸味、玉ねぎの甘味が感じられる」「先週のカレーは、ルーはドロドロで、トマトの酸味が感じられ、最初はそこまで辛くないのだが後を引く辛さがあった」といったように、言葉にすれば違いが明確になる。さまざまな言葉が使えるようになると、その分だけ多くの区別がつけられるようになるのだ（福島［二〇一八］第1章を参照。また本書では、カレー、コーヒー、ラーメン、ワイン、チョコレートなど、さまざまな食べ物の表現方法が記載されている）。

感じた味や香りを言葉にする作業は、ソムリエを目指す人が読む本ではよく推奨されている（鹿取［二〇一三］二七六～二七七頁、久保［二〇一四］二八頁）。ソムリエはさまざまなワインの味や香りを記憶して区別する必要があり、その能力を養うためには、ワインを飲んだときに感じた香りや味をメモするのが良いそうだ。言葉にすることでさまざまなワインの違いを整理でき、また、メモを見返すことで「あのワインとこのワインが似ていると感じたのはこういう共通点があったからなのか」といったことも発見できる。自分が感じた味の共通点や相違点を、より明確な根拠から理解できるようになるのだ。

以上のように、体験を言語化することで体験が明確になる。現在体験している味と過去に体験したさまざまな味の違いは、言葉による区別を利用することで明らかになるのだ。逆に、体験を言語化しないと、その体験が他の体験とどう違うのかもうまく理解できない。言語化は体験の特別さを奪うものではなく、特定の体験の特別さを際立たせてくれるものだと言えるだろう。

嫌な言葉の利点

ここで、判断材料と体験の明確化の違いをより明確にしておこう。確かに、自分の体験を明確にするための言語化によって、他人に判断材料を提供する表現が生まれる場合もある。先ほどの二つのカレーの説明は他人の参考になるものだ。しかし、自分の体験の明確化が必ず他人の役に立つわけではない。というのも、他人に嫌な印象を与える言葉が使われる場合もあるからだ。

たとえば、ソーヴィニヨン・ブランという白ワインの香りは、よく「猫のおしっこ」と表現される。その香りの主成分はメルカプトペンタノンという有機硫黄化合物であり、「アクの強い、グリーン感をともなったような、長ネギの青い部分をつぶしたような、しつこいにおい」と言われる（富永［二〇〇六］六五頁および一一〇頁）。他にも、ワインの味や香りについて解説した本を読むと、「腐葉土」「濡《ぬ》れた犬」「灯油」「汗」「ホコリ」「カビ」「スカンク」「タール」など、ぎょっとする言葉がいくつか見つかる。もちろん、「リンゴ」「レモン」「洋梨」「ナッツ」といった良い印象を与えるものもあるが、それだけではないのだ。

こういった悪い印象の言葉を初めて聞いた人は、飲食物の喩《たと》えにそれはどうなのかと眉をひそめるかもしれない。どのワインにしようか悩んでいるときに、ソムリエや店員から「このワインは猫のおしっこのような香りがします」と言われたらどうだろうか。そのワインがどんなにおいしくて高く評価されていても、飲む気が失《う》せてしまうだろう。その言葉のせいで、おいしいワインを味わう機会が失われてしまうのだ。

では、なぜワインの香りを「猫のおしっこ」など嫌なものに喩えるのか。実際のところ、「猫のおしっこ」は購買客に向けた言葉ではないようだ。サントリーが運営するウェブサイトの「ワインの基礎知識」には、ソーヴィニヨン・ブランは「フレッシュな柑橘とハーブのアロマの爽やか系」と表記されている。私の近所の酒屋にあったポップには「春の爽やかさを思わせる辛口白ワイン」と書かれていた。やはり、「猫のおしっこ」と書くと売れそうにないからだろう。ここからわかるのは、ワインの仕事に携わる人にふさわしい言葉と、ワインを飲むだけの人にふさわしい言葉は違うということだ（同様に、ソムリエと醸造家も使う言葉が異なるという。鹿取［二〇一三］二六六頁）。

どういう言葉が使われるかは、何を目的としているかに左右される。ワイン関連の仕事をする人たちのあいだで「猫のおしっこ」が頻繁に使われる理由は、おそらく、いろいろなワインの味や香りを区別する必要があるからだ。それに応じて多くの言葉を使わなければならず、良い印象を与える言葉だけでは足りないのではないだろうか。

さらに、「猫のおしっこ」という喩えの簡潔さも利点となる。そもそも私たちが比喩を用いる理由の一つは、字義通りの言葉では説明が長くなってしまうものを簡潔に表すことである（ギブズ［二〇〇八］一三〇頁）。もし「猫のおしっこ」という比喩を使わないでソーヴィニヨン・ブランの香りを表現すると、どうなるだろうか。まず、「猫のおしっこ」などの動物系の言葉は、強ければ不快だが、わずかな場合は深みや複雑さや熟成感を与える香りを指すために用いられているという。なかでも「猫のおしっこ」は（前述の通り）「アクの強い、グリーン感をともなったような、長ネギの青い部分をつぶしたような、しつこいにおい」とされている（富永［二〇〇六］一〇九〜一一〇頁）。しかし、ソーヴィニヨン・ブランの香りを話題にするたびに毎回こういった情報を説明するのは骨が折れる。これに対し「猫のおしっこ」は、そうした長い情報を圧縮した簡潔な表現として使うことができるのだ。

さらに、簡潔にするだけでなく、嫌な言葉で簡潔にすることにも理由があると思われる。というのも、嫌な言葉は印象に残るからだ。ワインの味を「猫のおしっこ」という一見ぎょっとする言葉で表現すれば、それが強く記憶に残る。嫌な言葉を使うことにも、味の体験を明確に記憶に留《とど》めることができるという利点があるのだ。

味を言葉にする理由は（すべてではないが）おおよそ以上のように理解できるだろう。次に取り上げたいのは、言葉にする際に用いられる比喩だ。ワインに限らず、飲食物の味や香り、おいしさは、さまざまな物事に喩えて表現される。そうした比喩表現はどのように使われているのだろうか。

3　隠喩と類似性

本来の言葉と隠喩

味の表現に比喩が使われる理由としてよく指摘されるのは、「本来の味を指す言葉」が少ないということだ（瀬戸［二〇〇三］一六頁）。そうした言葉の具体例は、「甘い」「しょっぱい」「酸っぱい」「苦い」といったもの、つまり、第1章でみた基本味に対応する言葉である。また、多くの場合ここに「辛い」も追加される。これも第1章でみたように、人間の神経システムの観点からすると辛さは触覚で感じられているものだが、「味」を「口のなかで感じるもの」と日常的な意味に沿うように広くとれば、「辛い」もここに含めていいだろう。だがそれでも、本来の味を指す言葉はかなり数が少ない。二〇種類もないと言われる場合もある（福島［二〇一八］四〇頁）。

そこで登場するのが比喩だ。比喩にもいろいろな種類があるが、とくに目立つのは隠喩（メタファー）である。隠喩は直喩と違って比喩を明示する表現（「ような」「みたいな」など）がない比喩だと言われる。たとえば、雨降りを「泣いているような空」と表現するのが直喩で、「泣き出した空」が隠喩だ（ただし、隠喩は単なる直喩の省略として理解できるものではない。

詳しくは、西村&野矢〔二〇一三〕第6回を参照)。

味の隠喩の代表例は「共感覚表現」と呼ばれるものである。第1章では共感覚を一部の人に起こる現象として説明していたが、ここで取り上げる「共感覚表現」は多くの人が一般的に使うものだ。たとえば、「深い味」というものがそうだろう(「深い味わい」という表現の方がより自然かもしれない)。文字通りの意味からすると「深さ」は眼で見たり手で触ったりして測るものであり、舌で感じるものではない。「深い味」では、視覚または触覚的な特徴を指す言葉である「深い」が、味覚的特徴を表すために用いられている。このように他の感覚の言葉を借りてきた味の比喩が共感覚表現である。同様の例としては、「軽い味」「柔らかい味」「うるさい味」「角張った味」「澄んだ味」「ぼやけた味」などが挙げられる(他のさまざまな例としては、瀬戸〔二〇〇三〕七〇〜七一頁および瀬戸〔二〇〇五〕三一〜三九頁を参照)。

共感覚表現は味の隠喩の代表例だが、言葉の借り入れ先は他の感覚だけではない。それとは別の大口の貸主がいる。それは人の性格や行動を表す言葉だ。たとえば、「優しい味」「素直な味」「あの味とこの味がけんかしている」といったものである。本章の残りは、こうした人に関する隠喩に焦点を合わせよう。

だが、それに取り掛かる前に、何かを隠喩として説明するうえで注意しておくべき点を説明しておきたい。

類似性は何にでも成り立つ

味に限らず、「隠喩とは何か」を考えたときに、まっさきに思い浮かぶのは類似性だろう。「泣き出した空」という表現を使うのは雨と泣き顔が似ているからであり、「リンゴの頬《ほお》」と言われるのは頬とリンゴの赤さが似ているからだと言われる。何かが別のものに見立てられるのは、その二つが似ているからだ。そうすると、「優しい味」も「優しい人」に似たものだと思われるだろう。

だが、少し踏み込んで考えてみると、「似ている」と言うだけでは十分な説明になっていないことがわかる。というのも、類似関係は任意の対象同士のあいだで成り立つ、言い換えると、どんな二つのものも何かしらの点で似ていると言えるからである。具体例を使って説明しよう。

たとえば、虹とペガサスとフライパンの三つのうち、どれとどれが似ているだろうか。虹は空にかかっていて、ペガサスは空を飛ぶ。フライパンは空を飛ばない。そのため虹とペガサスが似ていると思われるだろう。また、虹とペガサスは何か幻想的で手の届かない存在であるように思えるが、フライパンはまったくそうではない。その点でも虹とペガサスは似ているがフライパンは似ていない。

しかし、別の考え方もできる。ペガサスは空想の産物であって現実に存在していないが、フライパンと虹は現実に存在している。フライパンと虹は眼にしたことがあるだろうが、ペガサスを眼にしたことはないはずだ（ペガサスを見たと言い張る人はいるかもしれない）。その点では虹はペガサスよりフライパンに似ていると言えるだろう。

だが、フライパンとペガサスが似ていると言う余地もある。ペガサスは空想の産物であり、空想の産物は人間が生み出したものである。フライパンは調理の道具として人が作ったものである。つまり、どちらも人工物なのだ。これに対し、虹は自然現象であって人工物ではない。すると、人工物という点ではフライパンとペガサスが似ていて虹は似ていないと言えることになる。

以上の例からわかるように、どんな二つのものも何かしらの点で似ていると言う余地がある。そうすると、「二つのものが似ているときに比喩が使われる」という説明は不十分であることがわかるだろう。取り上げられている二つのものは確かに似ているだろうが、似ているものは他にも無数にあるからだ。

何に注目するのか

類似性は何にでも成り立つという点を踏まえて、人の性格や感情を使った隠喩に戻ろう。

人の喩えにも同じ点が問題になる。たとえば雨は、水が落ちているという点で悲しくて泣いている人に似ており、そのため「悲しい空」という比喩がふさわしく思えるかもしれない。しかし、雨と同時に聞こえる雷のゴロゴロ音は、リラックスした猫の喉の音に似ていると言えなくもない。そうすると、その空は悲しみにもリラックスにも喩えられることになる。

これに対し、「雨は普通リラックスには喩えない」「泣いている悲しい状態に喩えるのが自然だ」と言いたくなるだろう。確かにそれはそうだ。だが、ここからわかるのは、私たちは特定の基準を無自覚に採用しているということである。雨は悲しみなどネガティヴな心の状態に喩えるのを自然として、リラックスなどのポジティヴな状態に喩えるのを不自然とするような、自然と不自然を分ける何らかの基準が使われているのである。

その基準は「何かを心に喩えるときには人間の心を第一候補にする」というものだろう。ではなぜ人間の心が第一候補となるのか。その理由は、私たちが「心とはどういうものか」を理解するための第一のサンプルが自分たちの心だからだろう。つまり、私たちが一番よく理解している「心」は、自分たち人間の「心」であるということだ。だからこそ、何かを心に喩えるときには人間の心が第一候補になるのである。

以上のように、隠喩を説明するうえでは、取り上げられている二つのものの類似性がなぜ注目されているのかを説明する必要がある。類似性はどんなものにも成り立つ以上、いろんなもののなかからなぜ特定のものが選び出されて見立てられているかを説明しなければならないのだ。

同じことは味の隠喩にも当てはまる。「優しい」と言われる味と人には何かしらの共通点がある。しかし、味も人も他のあらゆるものと共通する点がある。そのため、「優しい味」という隠喩が使われるときに、なぜ人との共通点が注目されているのかを説明する必要があるのだ。

4 「優しい味」と概念メタファー

優しい味の特徴

「優しい味」がどんな隠喩かを検討する前に、ありそうな疑問を一つ片付けておきたい。それは、「優しい味」は隠喩ではなく「優しい人が作った／優しい気持ちで作った料理の味」の省略形ではないか、というものだ。風邪や二日酔いで体調がすぐれないときに作ってもらったお粥《かゆ》は、「優しい味」と言われる。こうした例をみると、「優しい味」は作った人の思いやりが反映されたものだと思われるかもしれない。

しかし、この考えはあまりうまくいかない。というのも、他人を気づかって作れば何でも

「優しい味」になるわけではないからだ。たとえば、夏バテの人を思いやってスタミナ料理を作った場合を考えてみよう。肉とニンニクやニラを甘辛いタレで炒めたもので、においはきつめで味は濃い。ご飯がすすんで栄養もたくさんとれる。食べれば元気になるはずだ。しかし、こうした味の濃い料理は普通「優しい味」とは言われないだろう。

ここから引き出せる教訓がいくつかある。まず、「優しい味」は刺激が強くてはいけないということだ。激辛だったり、しょっぱかったり、甘すぎたり、クセのあるにおいがする料理は「優しい味」とは呼ばれない。同じく温度も大事だ。汗がダラダラ出るほど熱かったり、体が冷えるほど冷たかったりするものも「優しい味」とは言われない。「優しい味」は全体的にほどほどでなければならないのだ。

さらに「優しい味」は、作った人の思いやりとも関係なさそうだ。先ほどみた通り、相手を思いやる優しい人が作った料理でも、刺激が強ければ「優しい味」とは言われない。逆に、相手を全然思いやっていない人が作っても、できた料理にあまり刺激がなければ「優しい味」と言われる可能性がある。極端な話、食品工場で最初から最後までロボットが作った料理の味も、刺激が強くなければ「優しい味」と言われる。「優しい味」という表現が使われるために、「優しい気持ちになっている人」が実際に存在している必要はないのである。

そうすると、「優しい」という特徴をもつのは、やはり味そのものだということになるだろう。その言葉が指しているのは味以外の何か（作った人など）ではないのだ。だが、前述の通り「優しい」は人に対して使われる言葉である。そして、人に対する言葉を味に使うためには、味が人に見立てられていなければならない。つまり、味が擬人化される必要があるのだ。

擬人化は味に限らずさまざまな場面に現れる。エンジンがうまくかからない車が「機嫌が悪い」と言われたり、荒れ狂う海が「怒っている」と言われたり、音楽に対して「優しいメロディだ」と言われたりする。私は以前の著作ではメロディの擬人化について考察したことがあるが（源河［二〇一九］第一〇章）、あらかじめ言っておけば、音楽の擬人化と味の擬人化は同列に扱えそうにない。どうやら擬人化の方法は一つではなく、音楽と味では別のメカニズムが働いているようなのだ。

以下では、まず音楽の擬人化をごく簡単に説明し、次に、それがなぜ味に当てはまらないのかを説明する。それを踏まえて、味にはどういう方策をとるべきなのかを検討しよう。

擬人化と知覚的共通点

単刀直入に言ってしまえば、「優しいメロディ」とは「優しい人の喋り方」と似た聴覚的特徴をもつメロディのことである。優しさを感じさせる人の喋り方は、ゆっくりとしたテンポで、音程の上下はあまりなく、音量もそこまで大きくなく、安定している。「優しいメロディ」もこうした特徴をもっているだろう。その証拠に、「優しいメロディ」のテンポを速めたり、音程を高くしたり、音程の上下を激しくしたり、音量を大きくしたりすると、楽しみを抱いた人の喋り方と似た「楽しいメロディ」になる。また、音色を曇った感じにすると「悲しいメロディ」となる（ただし、「優しいメロディ」と「悲しいメロディ」は特徴が多く共通しているので混同されやすい）。例外がないわけではないが、基本的な法則として、メロディがもつ優しさ／楽しさ／悲しさ／恐怖／怒りは、対応する気持ちを抱いた人の喋り方と聴覚的特徴が共通していると言えるのだ（パウエル［二〇一七］五二頁）。

ここで、先ほど説明した類似性が気になった人もいるだろう。「優しいメロディ」は優しい人の喋り方と共通する特徴があるというのは、簡単に言えば、両者が似ているということだ。しかし、前述の通り類似性は何にでも成り立つ。そのため、そのメロディは他の多くのものにも似ているだろう。たとえば、ゆっくりとした点ではカタツムリの動きに似ていると言えるし、安定した点では低いテーブルに似ているとも言える。それなのになぜ「優しいメロディ」と言われるのだろうか。そのときにメロディと人の喋り方に注目させるものは何なのか。

この疑問に対する答えは進化の観点から与えられる。私たち人間は感情のサインを過剰に読み取ってしまうよう進化したということだ。人間は他人と関わりながら社会的生活を送っており、そうした生活では他人の気持ちを読み取る必要がある。たとえば、何か協力をお願いするなら相手が機嫌の良いときがいいし、怒っている人は攻撃的なので近づかない方がいい。このように他人の気持ちを判定することが重要であるため、私たち人間は、喋っている人の声の調子からその人の感情を読み取るようになった。そして、この能力が過剰に働くために、メロディも感情の表れであるかのように聴こえてしまうのである（Juslin［2019］chap. 11.2）。

しかし、こうした説明は「優しい味」にはふさわしくない。というのも、優しい振る舞いをしている人を本当に舐め、文字通りの味を感じたことがある人などそうそういないからだ。それでも多くの人は、「このスープは優しい味がする」と言えたり、他人がそう言っているのを聞いてその意味を理解できたりする。そうであるなら、「優しい味」という表現を使ううえで、そのスープと優しい人の味覚的共通点は必要ないはずだ（そもそも、本当に舐めてみた場合に、優しい行動と優しい味は味が似ているのだろうか?）。

以上のように音楽の擬人化に関する説明は味の擬人化には当てはまらない。そこで別の方針に眼を向けよう。それは認知言語学で「概念メタファー」と呼ばれるものである。メタファーはここまで説明してきた隠喩のことなのだが、認知言語学では「概念メタファー」という訳語が定着しており「概念隠喩」とはあまり言わないので、少々ややこしいが以下は「隠喩」ではなく「メタファー」と表記する。

擬人化と概念メタファー

本章で最初にメタファーを取り上げたとき、メタファーは直喩との対比で説明されると述べていた。そうすると、メタファーはまずもって言葉の表現の仕方に関わるものだと思われるかもしれない。しかし、「概念メタファー」という考えを提示したレイコフとジョンソンによると、メタファーは表現レベルだけのものではない。むしろ、私たちが用いる概念のレベルにも存在している。概念、つまり、私たちの物事の捉え方や理解の仕方にもメタファーが用いられており、だからこそ言語表現にもそれが反映されているというのだ（レイコフ&ジョンソン［一九八六］）。

わかりやすい概念メタファーは〈議論は戦争である〉というものだ。議論には勝ち負けがあり、相手は敵とされ、相手の主張を攻撃したり、自分の主張を守ったり、優勢になったり劣勢になったり、戦略を立ててそれを実行に移したりする。私たちは議論を戦争と同じようにして捉えており、戦争の枠組みを使って議論とは何かを理解しているのである。

これとの対比で、〈議論はダンスである〉とみなしている文化を想像してみよう。議論の目的はバランスが良く美しいダンスをするようにして話し合いをすることであり、相手を攻撃したり自分を守ったりすることもない。どちらかが優勢になったりもしない（ダンスのコンテストにはそうしたものがあるが、コンテストは他人と争うものであり、戦争の理解が入り込んでいる）。ダンスを通して理解された議論は、私たちが理解している議論とはまったく別のものに思われるのではないだろうか。「議論」という言葉を違う意味で使っていると思えてくるかもしれない。

こうした例からレイコフとジョンソンは、私たちが何らかの物事を理解するときには、それが別の物事に喩えられ、その別物によって構造を与えられると述べている。別のわかりやすい例としては〈時は金なり〉がある。時間はお金のように、費やしたり、浪費したり、節約したりするものとして理解されているということだ。

以上を踏まえて味の理解に眼を向けてみよう。実際、〈味は人である〉という概念メタファーを示す例はたくさんある。たとえば辻本［二〇〇三］では、「品の良い味」「控えめな味」「主張のある味」「素直な味」「味がけんかする」「あの味とこの味は相性が悪い」といった例が挙げられている。私たちが理解している「味」概念の一部は、人の性格や行動に関する概念の理解によって支えられているのである。

だが、〈味は人である〉という概念メタファーがあると指摘すれば話が終わるわけではない。というのも、味に関する他の概念メタファーもあるからだ。たとえば辻本［二〇〇三］では、〈味はものである〉（味を付け足す、味を消す、味を封じこめる）や、〈味は輪郭をもつ〉（味をふくらませる、味を引き締める、味がぼける）という概念メタファーが指摘されている。

そうすると、先ほどの類似性に関する問題が再び現れてくる。味はさまざまな概念メタファーで捉えることが可能であるのに、なぜとりわけ人のメタファーで捉えられるのか。人のメタファーが使われるときと他のメタファーが使われているときの違いは何か。それを説明しなければならないのである。

この問題に答えるために、なぜ私たちは擬人化をしてしまうのかについて、さらに踏み込んで検討してみよう。

優しくされた人の気持ち

なぜ私たちは擬人化をするのか。ヒントとなるのはダンチガーとスウィーツァーの次の主張だ。「擬人化によって話し手は抽象概念が意図的行動をするかのように表すとともに、自分が抽象概念によってどのように影響されるかを表すことも可能となる」（ダンチガー＆スウィーツァー［二〇二二］八八頁）。その一例として挙げられているのは「嫉妬が人々の生活を壊す」である。嫉妬というものが物理的に人の生活を壊す（襲ってきて怪我をさせたり、財産を奪ってしまったりする）ことはないが、嫉妬を「壊す」という意図的な行為をとる人に見立てることで、私たちが「生活を壊される」被害者になることが鮮明になる。嫉妬から影響を受けた人の状態を強調することができるのである。

「優しい味」にもこの説明が当てはまるのではないだろうか。味を優しい行動をする人のように表すことで、その味を感じた人が受けた影響が際立ってくるということだ。言い換えると、他人から優しくされたときの心の状態と、優しい味の料理を食べたときの心の状態に似ているところがあり、それが「優しい」という表現を促しているのではないかということである。

この方針は、先ほどみた「優しいメロディ」と対比させるとわかりやすいかもしれない。優しいメロディと優しい喋り方は知覚的特徴が似ていた。似ているのは、聴かれている対象がもつ音の特徴だった。しかし、味の場合には対象の側に興味深い共通点は見つけられない。優しい味の料理と優しい行動をとる人の味は似ていないのだ。このように対象の側に共通点がないなら、次に思い浮かぶ候補は、その対象を経験している人だろう。他人から優しくされている人と、優しい味を味わっている人に共通点がないかということである。

では、他人から優しくされたときにどうなるか考えてみよう。迷子になったときに道案内をしてもらった。落とし物を一緒に探してもらった。お金が足りないときに貸してくれた。

優しい行動はさまざまあるが、それらには「相手の心を落ち着かせる」という共通点がある。優しくしてもらう前は、困っていて悲しかったり落ち込んだりしていても、優しくされることで気持ちがいくらか安定するのである。

「優しい」と言われる味も、心を落ち着かせてくれるものだろう。体調が悪いときには気持ちもネガティヴになるが、「優しい味」の料理を食べることでポジティヴな気持ちになれる。だからこそ「優しい味」は、「安心する味」や「ほっとする味」と言い換えられるのではないだろうか。

また、「ほどほど」という点も共通していそうだ。前に述べた通り、とてつもなくおいしかったり、激辛だったり、熱かったり冷たかったり、何らかの点で刺激が強くて印象的な料理は「優しい味」とは言われない。そうした強烈な料理を食べたとき、大きな喜びや嬉《うれ》しさ、興奮、満足感が得られるが、「優しい味」はそうした強いポジティヴさを与えるものではない。ほどほどの良さを与えてくれるものだろう。

人の行為にも同じことが言えるだろう。たとえば、落とした財布を一緒に探してくれるのは「優しい」と言うのがふさわしいが、会社倒産の危機を救う融資を行ってくれた人を「優しい」と言うのは違和感があるように思われる。財布を落とした人も潰れそうな会社の社長も危機を回避するというポジティヴな結果を得ているが、後者の方が危機が大きく、その分だけ回避に大きな力が必要となる。そのため、後者の方がはるかに感謝しているだろう。ここまで大きなポジティヴさを生む行為は「優しい」では片付けられない。もっと賞賛・感謝する言葉が必要だ。「優しい」は相手にほどほどの影響を与えるものにしか使われないのである。

言葉の選択と評価

「優しい味」と「優しい人」には他にも興味深い共通点がある。それは、対象への肯定的な評価を表しているところだ。先ほど、「優しい」という言葉で賞賛が十分なのかどうかという話題が出た通り、「優しい」という言葉には肯定的な評価が含まれているだろう。

この点をよりよく理解するには、「優しい味」を文字通りの意味で表すとどうなるかを考えてみるのがいいかもしれない。何度か述べている通り、「優しい味」と言われるものは強い刺激がないものである。過度に甘かったり、しょっぱかったり、辛かったり、熱かったり、冷たかったりせず、においも強烈ではない。おいしいはおいしいのだが、大喜びするほどおいしいわけでもない。このように「〜ではない」と否定的に特徴づけられるものである。こうした文字通りの特徴は、「パンチがない」「ぼやけた味」そして「優柔不断な味」と言われるものにも当てはまるだろう。

しかし、「優柔不断な味」と「優しい味」では印象が正反対だ。何が違うかと言うと、もちろん、「優柔不断」は否定的な評価を表す際に使われる言葉であり、「優しい味」は肯定的な評価を表すために使われる言葉だということである。同じものを食べた二人のうち、一人は「優しい味」と言い、もう一人は「優柔不断な味」と言ったとすると、前者はその味を肯定的に評価し、後者は否定的に評価していることがわかる。言葉の選択に評価が表れているのである。

この点はお世辞を言う場面を考えるとわかりやすくなるかもしれない。人から提供された料理を食べたときに、味が薄くていまいちだと思ったとしよう。しかし、作った人が目の前にいるので、否定的な評価を口にするのはためらわれる。かといって、「すごくおいしい」と嘘《うそ》をつくのも気が引ける。そんなときに使える便利な言葉が「優しい味」だ。「優しい味」は味の薄い料理に当てはまるので、その点に関しては本当のことを言える。完全に嘘をつかずにすむのだ。なおかつ、「優しい味」と言うことで、その料理を肯定的に評価しているかのような印象を相手に与えることができる。こうしたお世辞が可能なのは、私たちが「優しい」という言葉を肯定的な評価を表すために使っているからだろう。

もちろん、同じことは人の場合にも当てはまる。「優しい人」はときに「優柔不断」と言われるが、どちらの言葉を使うかに評価の違いが反映されている。「優しい人」は賞賛されているが、「優柔不断な人」は非難されている。評価をする側の言葉の選択も、「優しい人」と「優しい味」で共通しているのだ。

まとめ――なぜ味を言葉にするのか

ある料理のおいしさが「筆舌に尽くしがたい」と言われるように、味の体験は言葉で完全に再現できるものではない。しかし、だからといって「おいしさを言葉にすべきではない」という主張が支持されるわけではない。というのも、言葉を使う目的は体験を完全に再現することではないからだ。私たちが体験を言葉にするのは他人に判断材料を与えるためであり、その目的を果たすために体験を完全に言葉にする必要はない。ある程度伝われば十分なのだ。感動した味を言葉で表現し、その言葉で他人を感動させる必要はないのである。

また、言葉なしでは自分の体験を明確に理解することもできない。体験はそのつど過ぎ去っていくものであり、ありのままに記憶に留めておくことは難しい。しかし、前の体験と現在の体験を比較しなければ、現在の体験が他とどう違うのかという理解もあやふやなものとなってしまう。そこで役立つのが言葉だ。言葉によってそれぞれの体験の違いが明確に留められ、言語化を通して体験がよりよく理解できるようになるのである。

だが、味を文字通りに表す言葉は少ない。「甘い」「しょっぱい」「辛い」といった言葉の数は限られている。そこで使われるのがメタファー（隠喩）だ。「深い味」「澄んだ味」「優しい味」など、別の物事を表す言葉を借りてくることで多様な味が言葉にされるのである。

メタファーにはさまざまな種類があるが、本章の後半は、人のメタファーに焦点を合わせた。そこで指摘したのは、優しい味を体験したときと、他人から優しくされたときの状態が似ているという点である。どちらの場合でも、ほどほどに心が落ち着くという効果が与えられている。そして、その効果を表す際に「優しい」という言葉を使うことで、対象を肯定的に評価していることが表されるのである。

第6章　芸術としての料理

本書のまえがきで、美学は「センスや芸術を扱う哲学」だと述べていた。センスについてはこれまでの章で取り上げたので、最後に芸術に焦点を合わせよう。芸術はさまざまな点で哲学の題材となるものであるが、なかでも最も根本的な問題は「芸術とは何か」だろう。

この問題はいかにも哲学らしいものである。というのも哲学には、普段の生活のなかでは理解していると思っていたことを改めて問い直して、実はきちんと理解していたわけではなかったと気づく、という側面があるからだ。多くの人は「芸術」「アート」という言葉の意味は何となくわかると思っているはずだ。しかし、改めて「芸術とは何か」と問われてみると、それに答えるのは簡単ではない。

本書では芸術を考えるうえでも飲食を取り上げたい。つまり、調理された飲食物、「料理」を例として芸術について考えるのである。そして本章では、料理も芸術だという主張を試みよう。

料理と芸術と聞いて、一流レストランの豪華なコースや前衛的な創作料理の話をすると思った人もいるだろう。しかし本章では、小腹が空いて食べるインスタントラーメンなど、日常的に口にする機会が多い料理も芸術であると主張したい。インスタントラーメンを芸術と思って食べた人などそうはいないので、もしそれも芸術と呼べたなら、これまで抱いていた芸術のイメージが揺さぶられ、芸術とは何なのかを改めて考える機会になるはずだ。本章はそうした考察の機会を提供したい。それにより、芸術であるために重要な特徴はどれか（そして何が重要でないのか）が明らかになるだろう。

1　芸術は定義できるか

普段何気なく口にする料理が芸術であるという主張はなかなか受け入れがたいかもしれない。芸術は美術館とかに行って鑑賞したり、高いお金を出して買ったりする特別なものであって、小腹が空いて適当に食べたものが芸術であるはずがないと思われるだろう。また、芸術は画家や音楽家など才能をもった人がかなりの労力をかけて作るものであり、誰でも毎日適当に作っている料理が芸術とはとても思えないという人もいるだろう。

確かに、本章が目的とする主張は常識に反するところがある。特別な才能がなくても作れ、日に何度も体験する日常的なものが芸術だと主張するからだ。そして、常識に反することを言うには、それなりに丁寧な議論が必要になる。というのも、闇雲に常識に反することを言っても誰も相手にはしてくれないからだ。その点を踏まえ、まずは本章の議論がどのような方針で進むのかを説明しておきたい。

シンプルな戦略

料理が芸術であることを示す最もシンプルな戦略は、次の論証を行うことだろう。

（前提１）芸術とはXという特徴をもつもののことである。
（前提２）料理はXという特徴をもつ。
（結論）したがって、料理は芸術である。

このときのXは「芸術の本質的特徴」と呼べるものである。別の言い方をすると、「芸術を定義する特徴」だ。Xという特徴をもつことと芸術であることが同一視されているのである。この戦略は、まずそうしたXを特定し、次に料理にもXが備わることを示そうというものだ。その二つが示せたら、そこからストレートに料理は芸術であるという結論が導かれるだろう。

しかし、この戦略は非常に難しい。なぜなら、こうしたXを特定するのは困難であり、さまざまな議論が錯綜《さくそう》しているからだ（ステッカー［二〇一三］第5章を参照）。さらに言えば、こうしたXなど存在しないかもしれない。先ほどXは芸術を定義する特徴だと述べたが、そもそも芸術は定義不可能かもしれないからである。

芸術が定義できそうにない理由は、「現代アート」や「現代音楽」と呼ばれるものを例にするとわかりやすいだろう。たとえば、最も有名な現代アートであるマルセル・デュシャンの『泉』は大量生産の小便器であるし、現代音楽の作曲家として有名なジョン・ケージの《四分三三秒》は四分三三秒のあいだ楽器が何も音を出さない作品である。何の知識もなくいきなりこうした作品に触れると、どこが芸術なのかと困惑するだろう。多くの人が抱く「芸術」のイメージから大きく外れているからだ。

なぜこんなことが起きるのか。原因の一つは芸術家の野心にある。芸術家はこれまでになかった作品を作ろうと試み、ときに既存の芸術にとらわれない作品を作ろうとする。誰かが「芸術はこういうものだ」と定義すると「それに当てはまらないが、これも芸術だ」という作品を作ってしまうのである。こうしたことが長く繰り返された結果、素人には理解できない作品も数多く作られている。芸術に詳しい人なら過去の作品を乗り越えた革新的な作品とわかるのだが、詳しくない人にはそもそも何がどう芸術なのかわからないのだ。

開かれた概念

新しい芸術が現れる点を説明するために、よく「開かれた概念」という言葉が使われる（ワイッ［二〇一五］）。「芸術とはこういうものだ」という概念、あるいは、芸術であるための条件は、固定的ではなく今後も変化する可能性がある（開かれている）ということだ。昔の芸術概念からすれば『泉』や《四分三三秒》は芸術ではないが、誰かが革新的な作品を作ることで芸術概念が広がり、現在の芸術概念は『泉』や《四分三三秒》を含むようになっている。芸術概念そのものが変化しているのである。

芸術概念が変化する可能性をよりよく理解するには、自然物と対比させるのがいいだろう。ここでは自然物の例として「毒キノコ」を取り上げたい。

スギヒラタケというキノコをご存じだろうか。このキノコは、東北や北陸で長く食べられており、缶詰にされた加工品もあったそうだ。しかし、二〇〇四年の秋、このキノコが原因と思われる死亡事故が多数報告され、現在では毒キノコとみなされるようになった。その毒性が長らく気づかれなかった理由はいくつかあるが、その一つとして中毒症状が現れるのが非常に遅いという点が指摘できる。一般的な毒キノコなら数時間から半日で症状が出るのに対し、スギヒラタケの中毒症状が出るのは一週間後である。そのため、中毒症状の原因の候補として上がりにくいのだ。

スギヒラタケが毒キノコだと判明したことには、二〇〇三年の感染症法の改正が関わっているという（吹春［二〇〇九］九五〜九九頁）。改正された法律では急性脳症の患者が出ると行政に報告しなければならず、そのなかにスギヒラタケを食べたことが原因と思われる例が多数報告された。スギヒラタケと急性脳症の因果関係は、症例の報告が多く集まるまで気づかれていなかったのである。

この話を聞くと、「昔の人たちは間違っていた」と思うだろう。スギヒラタケが「毒キノコ」に分類されるものであることは（第3章の傾向性の説明でみた通り）、スギヒラタケの成分と人体の構造によって決まる。人間がスギヒラタケは毒だと思っていようと安全だと思っていようと、それとは独立に毒であることは決まっている。しかし、つい最近までそれを理解できていなかった。このように、自然物の特徴は人間の理解とは独立に決まっている。人間にできるのは、その特徴を正しく理解するか間違えるかである。

これに対し芸術はそうではない。前の時代には「芸術」に分類されないものが現代では「芸術」に分類されるようになったときに、前の時代の人々が間違っていたということにはならない。むしろ、前の時代と現代とでは芸術の概念が違っているということになる。

なぜなら、芸術は人間が生み出したものであり、何が芸術であるかは私たちの理解によって決まるからだ。自然物がどういうものであるかは人間の理解とは独立に決まっているが、何が芸術であるかは人間の理解から独立に決まっていない。というのも、芸術を生み出すのも、何かを芸術と認めるのも、人間であるからだ。芸術家が前の世代にはない新しいものを作り出したとき、その作品によって「既存の芸術概念には当てはまらないが、言われてみればこれも芸術だ」という同意が人々のあいだでとれ、それによって芸術概念そのものが変化してしまうのである（もちろん、そう思わせるだけの傑作は多くない）。

以上のように、何が芸術であるかは変化しうるものである。未来では、現在の私たちにはまったく芸術とは思えないようなものが芸術とみなされているかもしれない。こうした点を踏まえると、過去・現在・未来の作品すべてを含められるように現在の私たちが芸術を定義することなどできそうにないと考えられるだろう。

本章の戦略

以上のように芸術が定義できないなら、芸術を定義する特徴Xなど存在しないことになる。そうであるなら、Xの特定を通して料理が芸術であることを論証しようとするシンプルな戦略にも見込みがないだろう。

そのため本章では別の戦略をとりたい。それには二つのポイントがある。一つは、「料理は芸術ではない」と言われる理由を取り上げ、それがどれも不当であると示すことだ。もう一つは、料理には芸術と認められるものとの重要な共通点があると示すことである。この二点が示せれば、「料理は芸術の定義に当てはまる」と言えなくても、「料理も芸術に含めていいかもしれない」と思わせる説得材料は得られるだろう。

だが、この戦略を実行に移す前に整理しておかなければならないことがある。それは、「芸術」「アート」という言葉には（少なくとも）二つの異なる意味があるということだ。

2　さまざまな意味の「芸術」

評価的意味と記述的意味

「芸術」には評価的意味と記述的意味という二つの異なる意味がある。評価と記述の区別は

第2章にも出てきたが、そこで取り上げたのは判断に関する区別であり、次に説明する芸術に関する区別とは異なるものである。

たとえば、テレビでおいしいラーメンが紹介されている場面を考えよう。味が良く、見た目もとてもおしゃれで、材料や産地にこだわっていて、調理工程も工夫されている。それを食べたレポーターは「このラーメンはもはや芸術だ！」と言っていた。

そのレポーターの発言の「芸術」は、「素晴らしい」「高く評価できる」「他よりも優れている」と言い換えても問題ないだろう。「このラーメンはもはや芸術だ」という発言は、他のラーメンよりも何らかの点で優れたラーメンが提供されたことに対する賞賛なのである。このように、褒め言葉として使われているのが評価的意味の「芸術」である。

評価的意味では、他と比べて並か劣るものは芸術ではないことになる。まずいラーメンは当然芸術ではないし、音程の外れた歌も下手な絵も芸術ではない。他よりも優れているものだけが芸術と認められ、そうでないものは芸術から除外されるのだ。

しかし、音程の外れた歌も芸術だと言える意味の「芸術」もある。それが記述的意味である。その意味は、あるものが芸術というグループに属するという事実を述べている（記述している）だけであり、評価を含んでいない。この意味では、上手な歌も音程の外れた歌も、世界的な名画もメモ帳に書かれた落書きも、「芸術」というグループに属していることになる。

だが、「下手な歌や落書きがなぜ芸術なのか」という疑問をもつ人も多いだろう。その疑問に答えるために、次の点を考えてみてほしい。人間が行う活動にはさまざまな種類がある。栄養摂取や休養などの生きるための活動もあるし、働いてお金を稼ぐ経済活動もある。町内会の清掃など他人と協力して生活環境を快適にするための社会活動もあれば、日常を超えた体験や真理を求める宗教的な活動もある。論文を書いたり実験をしたりする研究活動もあれば、美術館に絵画を鑑賞しに行ったり自分で絵を描いたりする芸術的な活動もある。もちろん、これらの分類は排他的ではなく、一つの行動が複数の種類にまたがることもある。宗教家が徳を積むためにする自主的な清掃活動は、宗教的な活動でありつつ、地域に貢献する点で社会活動でもある。また、プロのミュージシャンのライブは、芸術的な活動であると同時に収入を得るための経済活動でもある。

では、下手な歌はどの活動に属しているだろうか。湯船に浸かったり、料理をしたり、洗濯物を干していたりする場面に何となく口ずさむ歌は、他人に聴かせるつもりもないので歌詞も音程も怪しい。こうした歌はどの活動なのか。下手な歌ではプロのミュージシャンのようにお金を稼ぐことはできないため、経済活動にはならない。だが、下手な歌も歌である限り、プロのミュージシャンの歌と同じ種類の活動だと考えられるのではないだろうか。

かりに下手な歌とプロの歌が同じ種類の活動ではないとしてみよう。そうであるなら、二つは同じ基準で評価されるものではないと考える必要が出てくる。たとえば、プロミュージシャンの歌とプロ野球選手の投球は異なる種類の活動であり、同じ基準で評価されるものではない。これに対し、下手な歌とプロの歌はそうではないだろう。むしろ、二つは同じ基準で評価され、そのうえで、前者はひどいものとして非難され、後者は素晴らしいものとして賞賛されている。そうであるなら、下手な歌も素晴らしい歌と同じ種類の活動に属していると考えるべきである。そして、その種類が記述的な意味での「芸術」なのだ。

自然も芸術？

次に、記述的意味の「芸術」から除外されるものを挙げてみよう。わかりやすいのは自然物だ。夕焼けに染まる景色、穏やかなさざ波の音、人を圧倒する巨大な滝、といったものである。これらが芸術でないのは、どれも自然物だからである。というのも、記述的意味での「芸術」は、最低限、人が作り出した人工物でなければならないからだ（人工物については後でより詳しく取り上げる）。

ときに雄大な景色も「芸術的」と言われるが、そのときの「芸術」は評価的意味で使われているだろう。雄大な景色は他の景色よりも優れていると賞賛されているのである。他方で、何の変哲もないつまらない風景は、記述的な意味で芸術でないだけでなく評価的な意味でも芸術ではないということになる。人工物でもなく、高く評価されるものでもないからだ。

何の変哲もない風景は記述的にも評価的にも芸術ではないと述べたが、これとは反対に、記述的にも評価的にも芸術と呼べるものもある。たとえば、傑作とされる名画は、記述的な意味での芸術に属するもののなかで他よりも優れている点で、評価的な意味でも芸術である。

以上のように「芸術」には異なる二つの意味が区別できるが、こうした区別は「芸術」という言葉だけにあるのではない。さまざまな言葉が評価的な意味で使われたり記述的な意味で使われたりする場合がある。たとえば「ラーメン」の場合でもそうだ。誰かが「あの店のラーメンはラーメンじゃない」と言っている場面を考えてみよう。文字通りに理解するとこの発言は矛盾しているが、二つの意味を区別すると矛盾はなくなる。最初の「ラーメン」は記述的意味で用いられ、二番目の「ラーメン」が評価的意味で使われている。つまり、「あの店のラーメンは標準以下のものである」と言われているのだ。他にも、「流行を取り入れただけの音楽など音楽ではない」や「一本勝ち以外は柔道ではない」など、評価的意味と記述的意味を区別して理解すべき例はたくさんあるだろう。

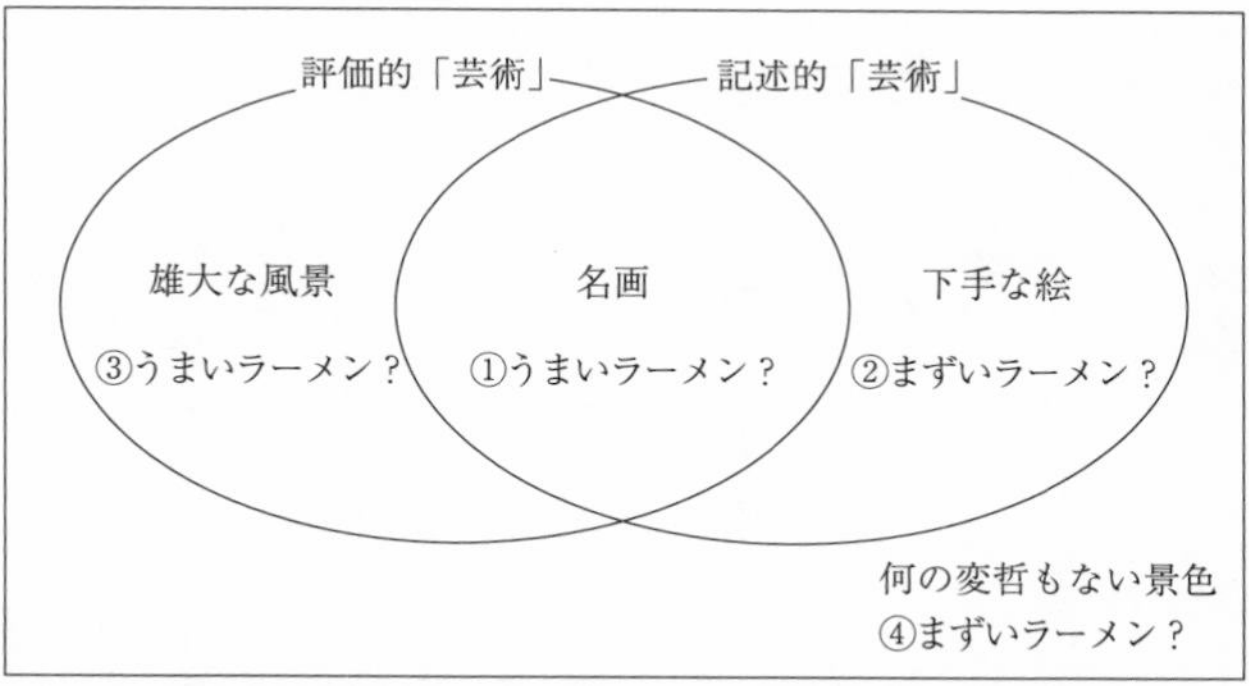

図6-1　評価的な意味での「芸術」と記述的な意味での「芸術」

問題の整理

「芸術」という言葉の意味を整理したので、料理に話を戻そう。「料理は芸術か」という問題を考えるうえでも、評価的な意味と記述的な意味を分けて考える必要がある。

まず、評価的な意味の芸術に該当する料理があることは明らかだ。すでに例に出したように、「このラーメンは芸術だ」と言われる場面は実際にある。ラーメン屋が複数あれば、そのなかで味や技術に優劣がつけられ、他より優れたラーメンを提供する店が決まる。その店のラーメンは、「他より優れている」という評価的意味で「芸術」と言われるのだ。

では、記述的意味はどうだろうか。言い換えると、絵画や彫刻、ダンスや音楽と同じグループに属すると言える料理があるのだろうか。本章で問題にしたいのはまさにここだ。

わかりやすくするために図示してみよう（図6-1）。

もし料理が記述的な意味で芸術であるなら、うまいラーメンは評価的な意味でも芸術であり、名画と同じ領域①に位置する。他方で、まずいラーメンは下手な絵と同じ領域②に位置することになる。これに対し料理が記述的な意味で芸術でないなら、うまいラーメンは評価的な意味でのみ芸術であり、雄大な景色と同じ領域③に属する。そして、まずいラーメンは評価的な意味でも記述的な意味でも芸術ではなく、何の変哲もない景色と同じ領域④に位置していることになる。そして、ここから検討したい問題は、料理は①や②の領域に属するものなのか、それとも③や④の領域に属するものなのか、ということだ。

飲食物を材料とした芸術

ここまでの話を読んで、「これは記述的な意味で芸術と言える料理ではないか」という例が思い浮かんだ人もいるかもしれない。たとえばラテアートだ。ラテアートはカフェラテの上に描いた絵であり、何しろラテ「アート」という名前がついている。飲める絵と言えるかもしれない。同様の例として、オムライスの上にケチャップで描いた絵や、フルーツや野菜の飾り切りで作った彫刻（カービング）を思い浮かべた人もいるかもしれない（写真）。

確かに、ラテアートの「アート」は評価的意味ではないだろう。一流のバリスタが作った上手なラテアートは評価的な意味でも芸術だろうが、新人が作った下手なラテアートはそうではない。しかし、どちらもラテアートに属するものである。

だが、ラテアートが芸術として認めやすいのは、芸術という身分を絵画から受け継いでいるためである。ラテアートは絵画の一種であり、絵画が芸術であるのは明らかだ。私たちが抱く絵画のイメージは紙や絵の具といった食べ物でないものから作られているが、食べ物を材料として絵画を作ることもできるのだ（コースマイヤー［二〇〇九］一七一〜一七三頁、Meskin［2013］）。

では、何の絵も描かれていないカフェラテはどうなのだろうか。絵画や彫刻といった、す

ラテアート（上）
フルーツカービング（下）

でに芸術と認められているものから芸術の資格を受け継がずとも、芸術と認められる料理はあるのだろうか。以下ではこの点に焦点を絞って検討していこう。

3　典型的な芸術との比較

普段から口にする料理が芸術だと言うと、すぐさま異論が出てくるだろう。というのも、絵画などの典型的な芸術と普通の何気ない料理にはいくつも違いがあるからだ。

だが、「いくつも違いがある」と指摘するだけでは、料理を芸術から除外することはできない。なぜなら、芸術かどうかに関係ない違いもあるからだ。実際、絵画と音楽にもいくつも違いがあるが（絵画は平面的な物体だが音楽は時間とともに流れていく、絵画には色や形や大きさがあるが音楽には音色や音高や音量がある、など）、どちらも芸術とみなされている。そのため絵画と音楽の違いは、片方を芸術と認め片方を除外するような違いではない。

この点を踏まえると、検討すべき問題はこうなる。絵画や音楽といった典型的な芸術と料理にはいくつも違いがあるが、その違いのなかに、前者を芸術と認めつつ、後者を芸術から除外してしまうようなものはあるのだろうか。以下では、そうした違いとしてよく言及されるものを順に検討していこう。

一度しか味わえない？

美術館に行けば、数十年前に描かれた名画や数百年前に作られた彫刻を鑑賞することができる。このように、典型的な芸術作品は長く存在し続けるものである。これに対し、料理は長く存在し続けない。食べればなくなってしまうし、放っておけば腐ってしまう。こうした時間的な違いから、料理は芸術ではないと言う人がいるかもしれない。

だが、「長く存在し続けるものが芸術である」という考えは明らかに間違っている。というのも、すぐなくなってしまう芸術もあるからだ。たとえば、音楽、演劇、映画、ダンス、落語などは、短ければ数分、長くても数時間で終わってしまう。もし絵画ほど長く存在することが芸術に求められるなら、音楽や演劇は芸術ではないと言わなければならない。だが、この結論は明らかに受け入れられない。そうすると、存在する時間が短いものは芸術ではないという考えが間違っていると考えるべきだろう（Meskin［2013］）。

ここで次のような反論があるかもしれない。音楽や演劇や映画は、再生や上演の時間が一度終わっても、再び曲を再生したり別の時間の公演を観に行ったりできる。何度も鑑賞できるのだ。これに対し料理は、一度食べるとなくなってしまうものであり、同じものを再び味わうことができない。この違いに注目し、一度しか鑑賞できない料理は芸術ではないと言う人もいるかもしれない。

だが、この考えも明らかに間違っている。というのも、「一度しか鑑賞できないものは芸術ではない」と言い出したら、「即興」や「アドリブ」と呼ばれる演技や演奏も芸術ではなくなってしまうからだ。録音・録画されていなければ、即興の演奏や演技は二度と鑑賞することができない。だが、即興演奏・演技が芸術であることは否定しがたい。そうであるなら、一回しか鑑賞できないものは芸術ではないという考えが間違っていることになる。

さらに言えば、「料理は一度しか鑑賞できない」という考え自体も疑わしい。むしろ、料理も複数回鑑賞できるのではないだろうか。というのも、「また同じ曲が聴きたい」と思ってお気に入りのレコードを再生するように、「またあのラーメンが食べたい」と思ってお気に入りのラーメン屋に行くことができるからだ。

「料理は一度しか鑑賞できない」という主張に対する反論としては「お気に入りのラーメンを何度も食べられる」という指摘だけで十分だろう。だが、この点は「反復可能な芸術」という興味深い概念に関わるので、もう少し掘り下げてみよう。

タイプとトークン

「反復可能な芸術」という概念を理解するためには、「タイプ」と「トークン」の区別を理解する必要がある。まずはその区別から説明しよう。

たとえば、友人が「私はあの有名人と同じ鞄《かばん》をもっている」と言ったとしよう。このとき友人は「あの有名人と一つの鞄をシェアして交互に使っている」と言いたいわけではないだろう。むしろ普通は、有名人と同じメーカーの同じ型番の鞄をもっているということが意味されている。型番は同じだが、有名人の鞄と友人の鞄は物体としては別物なのだ。

この例で、「同じ型番の鞄」と言われるときに意味されているのがタイプであり、「物体として別物」というときに意味されているのがトークンである。友人の鞄と有名人の鞄は、違う場所に存在する異なる物体であるという意味で「異なるトークン」だが、どちらの鞄も、色、形、大きさ、メーカー、型番といった特徴が共通しているという意味で「同じタイプ」に属するものなのである。

音楽でもタイプとトークンが区別できる。たとえば、ローリング・ストーンズの《サティスファクション》を二回連続で再生する場合を考えてみよう。一回目に聴いた《サティスファクション》と二回目に聴いた《サティスファクション》は、トークンとしては別物である。一回目の《サティスファクション》は、たとえば、午後七時三六分から流れ始め午後七時四〇分あたりに終わるものであるのに対し、二回目は午後七時四一分あたりに始まって午後七時四五分あたりに終わる。つまり、始まりと終わりの時点が異なる点で別物なのだ。

また、曲のトークンは空間的に区別することもできる。たとえば、東京に住む自分が家で《サティスファクション》を再生したのとまったく同じ時刻（午後七時三六分）に、北海道を旅行中の友人が偶然《サティスファクション》を再生したとしよう。その場合、自分が聴いているものと友人が聴いているものは同じ時点で始まって同じ時点で終わるが、二つは異なる場所で流れている異なるトークンである。

このように、自分が一回目に聴いた曲と二回目に聴いた曲は異なるトークンであり、自分が聴いた曲と友人が聴いた曲も異なるトークンである。だが、どれも、音の並び方、持続時間、作曲者、演奏者といった特徴がいくつか共通しており、その意味ですべて同じタイプに属するのである（ただし録音された曲と生演奏された曲では少々事情が異なる。詳しくは源河［二〇一九］第7章を参照してもらいたい）。

以上を踏まえて、「また同じ曲が聴きたい」に戻ろう。この場合の「同じ」は、タイプのことを意味している。トークンとしての曲はその演奏（ないし再生時間）が終わるときになくなってしまうものなので、まったく同じトークンを別の機会に再び鑑賞することはできない。だが、音の並び方、持続時間、作曲者、演奏者といった特徴が共通する別のトークン、つまり、同じタイプの別のトークンを別の機会に鑑賞することはできる。「同じ曲を聴いた」とは同じタイプに属する別のトークンを鑑賞したということなのである。

反復可能な芸術

同じことは、演劇、映画、落語、ダンスなど、さまざまな芸術にあてはまる。そうした種類の芸術では、同じタイプの作品が繰り返し上演され、複数のトークンが作り出されている。このように、複数のトークンを作り出すことを念頭に置かれて作られた芸術が「反復可能な芸術」と呼ばれるものである。反復可能な芸術の場合、異なるトークンを鑑賞しても同じタイプのものを鑑賞したと言えるのだ。

ここで話を料理に戻そう。料理も同じようにタイプとトークンが区別できる。「昨日、〇〇家の味玉ネギチャーシューラーメンを食べたばかりなのに、今日も行って同じものを食べてしまった」という場合、昨日食べたラーメンと今日食べたラーメンはトークンとしては別物である。そのトークンは食べればなくなってしまうものだ。だが、昨日食べたトークンと今日食べたトークンは、見た目や味や調理方法が共通しており、「〇〇家の味玉ネギチャーシューラーメン」という同じタイプに属している。そのため、異なるトークンを食べて同じタイプのものを食べたと言えるのだ。

以上からすると、料理は反復可能な芸術の一種として理解することができる。同じ《サティスファクション》タイプに属する異なるトークンをさまざまな機会に鑑賞できるように、同じ「○○家の味玉ネギチャーシューラーメン」タイプに属する異なるトークンをさまざまな機会に味わうことができるのだ。

さらに、ここまでの話を使えば、料理のレシピを生み出すのと新しい曲を生み出すことを同じようにして理解できるようになる。豚骨とネギを何時間煮込んで、そこに塩を何グラム、化学調味料を何グラム入れ、といった指示にしたがって個々のラーメントークンが生み出される。音楽では、最初のコードはEで、次にAに移ってその次にB、といった指示にしたがって個々の曲トークンが生み出される。そして、こうした一連の指示はタイプとして理解できる。レシピの考案者や作曲者はそうしたタイプを作った人であり、料理人や演奏者はそれにしたがってトークンとしてのラーメンや曲を生み出していると言えるのだ。

生命維持

別の論点に移ろう。次のように言う人がいるかもしれない。絵画などの典型的な芸術作品は、生活をより豊かにしてくれるものである。だが、生きていくうえで絶対必要なものではない。ときどき、食費を削って芸術にのめり込んで健康を害してしまう人もいるが、そうした人はかなり特殊であり、多くの人は芸術がなくても生活していける。これに対し料理は生きるために不可欠なものである。芸術とは生活をより豊かにしてくれるもののことであり、生活に不可欠な料理は芸術に該当しないのではないだろうか。

だが、この考えは説得的でない。というのも、普段私たちが食べたり飲んだりしているものも、生活をより豊かにするものだと考えられるからである。

たとえば、インスタントラーメンを考えてみよう。それこそ栄養摂取のためのもので、芸術ではないと思われるかもしれない。お湯を入れて三分から五分待つだけで手軽に食べられるし、非常食として備蓄されるものでもある。だが、私たちが口にするインスタントラーメンは、手軽さだけでなく、よりおいしく味わえるための工夫が積み重ねられてできたものである。昔よりもよりおいしくなっているのだ。インスタントラーメンを作っている企業の商品開発史を調べれば、そうした工夫や努力がすぐ見つかるだろう。

また、インスタントラーメンを作っている企業はいくつもあるし、さらには、インスタントラーメン同様に手軽に食べられるものはたくさんある（冷凍食品など）。こうした競合が多いなか自社のインスタントラーメンを買ってもらおうと思ったら、よりおいしい商品を開発しなければならない。もちろん、栄養価や価格の安さ、調理の手軽さも考慮すべきものであり、どれを優先するか選択の余地はある。しかし、同じくらい栄養があって安くて手軽にできるなら、なるべくおいしいものが良い。さらには、おいしさを追求するあまり健康を害するものになってしまっているものもあるかもしれない。

こうした点を考えると、インスタントラーメンですら栄養摂取のためのものという領域を超え出ているとも言える。むしろ、絵画や彫刻と同じく、それを賞味して楽しみ、生活を豊かにするためのものになっているのではないだろうか。

これに対して、次のように再反論されるかもしれない。確かに私たちが普段口にしている料理は単なる栄養摂取のためのものというレベルを超えている。だが、依然として生命維持から切り離されたものではない。料理をすべて奪われるとすぐ死んでしまうが、芸術をすべて奪われてもそうはならない（ストレスで寿命が短くなるかもしれないが、芸術を奪われたことが直接的な死因になるわけではない）。どちらも生活をより豊かにしてくれるとしても、料理はどこまでいっても生命維持から切り離せないのである。しかし、芸術とは生命維持から完全に切り離せるものではないだろうか。

だが、この考えには明らかな反例がある。それは衣服や建築物だ。それらをすべて奪われると、夏には脱水症状で命を落とし、冬には凍死してしまう。衣服や建築物は生命維持に欠かせないものだ。しかし、同時に衣服や建築物は芸術でもある。フィラデルフィア美術館に収蔵されたグレース・ケリーのウェディングドレスや、バチカンのサン＝ピエトロ大聖堂が芸術であることを否定する人はそうはいないだろう。それらは暑さや寒さを防ぐことが第一の目的ではないとはいえ、衣服や建築物であることには変わりない。そうであるなら、生命維持と密接に関わるものでありながら、芸術でもあるものが現に存在していることになる。

したがって、生命維持と切り離せないものは芸術ではないという考えは間違っている。むしろ料理は、服や建築物と同じような芸術だと理解することができるのではないだろうか。

4　芸術と文化

先ほど「インスタントラーメンはおいしく味わえるための工夫が積み重ねられている」と述べた。先人の成果を踏まえて新しいものを作る活動は「文化」と呼べるものだろう。そして、文化は芸術にとって非常に重要な特徴である（グレイシック［二〇一九］第1章）。

文化と意図

「芸術」の記述的な意味を説明したときに、芸術は人工物だと述べていた。人工物は、意図的に作られた産物である。人は意図せず何かを作り出すこともあるが（不用意な足跡など）、芸術作品は意図的に作られたものである。では、その意図とはどのようなものだろうか。

すぐ思いつきそうなのは、「自分を表現する」というものだろう。しかし、表現の話は少しややこしいので後で取り上げることにしたい。それよりここでは、当たり前すぎて逆に見落とされがちな意図に眼を向けよう。それは、「芸術を作る」という意図である。

たとえば、画家が筆をとってキャンバスに向かうときを考えてみよう。その人は、詩を書こうと思っているわけではない。犬小屋の設計図を描くつもりもない。家計簿をつけるつもりでも、明日の予定を忘れないようにメモするつもりもない。こうした他の意図ではなく、絵を描く意図をもってキャンバスに向かっている。さっきまではペンをもってノートに家計簿をつけていたとしても、絵筆をとってキャンバスに向かうときには「絵を描こう」と思っているはずだ。そうした言葉を明確に心に思い浮かべたわけではないかもしれないが、他の行為ではなく筆をとってキャンバスに向かっているからには、何かしら絵を描く意図をもっているはずである。

その意図をもつためには、当然だが、絵画が何であるのか理解していなければならない。絵画について何の知識も概念もない人が「絵画を描こう」という意図をもつことは不可能である。そして、絵画という概念はその画家が自分で作り出したものではない。絵画という芸術はその画家が生まれ育った文化のなかにすでに存在し、その文化のなかで生活するなかで、絵画という概念が学習される。その概念を理解することで、他人が描いたものを見て「これは絵画だ」と認識できるようになったり、「絵を描こう」という意図をもてるようになったりする。「絵画を描こう」という意図をもつためには、「絵画とはこういうものだ」という概念を周りから学ぶ、つまり、絵画文化の継承が必要なのだ。

文化の継承

絵画という文化が継承されるなかで、絵画概念はさまざまに変化しうる。たとえば、以前は人物画や風景画など何かを写しとったものだけが絵画だったが、抽象画も絵画なのだと認められるようになる。あるいは、より良い絵の具やキャンバスといったものが開発され、それに応じて絵画の描き方が変化することもある。

さらに、プロの画家は「これまでになかった、同時代や過去の作品に負けない素晴らしい絵を描こう」と意図して作品を作るだろう。あるいは、「既存の芸術では捉えられない新しい絵画を描こう」と思って作品を作ることもある。そうした欲求を満たすために新しいものを作るのも自己表現だと言えるかもしれない。だが、この意味での表現も絵画に関する文化を踏まえたものになっている。絵画が何であるかある程度理解していなければ、絵画という枠組みからはみ出すものを作ろうと思うこともできないからである。

以上のように、芸術は文化を踏まえて作られるものである。もちろん、文化的な産物のすべてが芸術であるとは限らないが、少なくとも、文化を踏まえて作られたものであることは、芸術の必要条件なのである。

ひょっとするとここまでの話を読んで、最初に描かれた絵画はどれなのか、あるいは、絵画という概念を最初に思いついた人（人たち）が誰なのかが気になった人もいるかもしれない。だが、目下の議論にとってそれを特定する必要はない。ここで重要なのは、文化を踏まえなければ「絵画を描こう」という意図をもつことはできないということだ。最初の絵画が描かれたのがいつであろうと、絵画概念ができたのがいつであろうと、とにかくそれらが文化的なものであることさえ認められれば、絵画とは文化を踏まえた意図や行為によって作られたものだと言える。同じことは彫刻でも音楽でも、すべての芸術に当てはまるだろう。

料理と文化

以上を踏まえて料理について考えてみよう。「ラーメンを作ろう」といった何気ない意図も文化を踏まえたものである。誰かがラーメンを発明し、その作り方や概念が世代を超えて受け継がれる。そのなかで、よりおいしいラーメンを作るための工夫が積み重ねられていく。スープはこう作った方がいい、麺の材料はこれがいい、といった改良がなされていくのだ。その文化を学ぶことで現代の私たちは「ラーメンを作ろう」と意図することができる。そうした意図には、「豚骨ラーメンを作ろう」という具体的なものから、「ラーメンを作ろう」「中華料理を作ろう」「料理を作ろう」という漠然としたものまで幅はあるが、どれも文化的なものであることにはかわりない。

料理でも、前の世代から受け継いだ通りに作るのではなく、自分でアレンジを加えることがある。改良してよりおいしくなるようにするのだ。さらに、プロの料理人は「どこよりもうまいラーメンを作ろう」「既存の料理概念にとらわれない新しいラーメンを作ろう」といった意図をもつだろう。先ほどの画家と同じく「既存の枠組みに収まらないものを作ろう」と意図するためには、既存の枠組みが何であるかを理解していなければならない。「ラーメンとはこういうものだ」という枠組みを文化的に学習しているからこそ、その枠組みからはみ出すことができるのである。

以上のように、料理も文化を踏まえて作られたものである。こうした共通点は、料理を芸術と認めるための一つの説得材料になるだろう。料理も絵画も、前の世代から手法や概念を引き継ぎ、それにしたがって前の世代と似たようなものを作ったり、引き継いだ枠組みからあえて外れるものが作られたりするのである。

ひょっとすると以上の論点は、人工的に栽培された果物や野菜にも当てはまるかもしれない。現在私たちが口にする果物も野菜も、よりおいしくしたり、栄養価も高くしたり、毒をなくしたりするための品種改良が長年にわたって行われてきた工夫の産物である。野生のイチジクは自然物であって芸術ではないが、人の手で栽培されたイチジクは準人工物であり、芸術だと言えるかもしれない（畜産や魚の養殖にも同じことが言えるだろう）。

5 芸術と感情表現

先ほど「自分を表現したい」という意図を後回しにすると述べていた。ここでそれを取り上げよう。

「芸術は作者の自己表現である」といったことはよく言われる。そのため、芸術の中心には自己表現があるのではないか、作者の自己表現でないものは芸術ではないのではないか、と思われるかもしれない。さらにそこから、料理が芸術であるかどうかは料理が作者の自己表現であるかどうかで決まると考えられるかもしれない。

さまざまな表現

まず注意すべきなのは、「表現」はいくつかの種類に分けられることだ。たとえば、「絵が描きたい」と思って絵を描くのも「自己を表現している」と言えなくもない。そう思って絵を描くことは、経済活動や社会活動ではなく芸術的な活動をしたいという欲求の表れである。さらに、芸術のなかでも歌を歌ったり彫刻を彫ったりするのではなく、絵を描きたいという欲求の表れだと言えるだろう。その人が描いた絵は、その人が他のものではなく絵画に関心があることを表しているのだ。プロの画家は、過去の巨匠や同時代の画家、過去の自分よりも素晴らしいものを描きたいという欲求を実現するために絵を描いているだろう。

同じような欲求は料理にも見出《みいだ》せる。ラーメン屋を開く人は、弁護士や音楽家になりたいのではなく、飲食でお金を稼ぎたい、しかも、オムライスや唐揚げではなくラーメンを作ってお金を稼ぎたいという欲求をもっている。その人が作ったラーメンは、そうした欲求の表れだと言える。その人が味を追求したり、他にはない独特のラーメンを作ったりするのも、素晴らしいラーメン屋になりたいという欲求の表れだと言えるだろう。したがって、ここまでのところ芸術に対応するような自己表現は料理にもあると言える。

だが、芸術によって表現されるものとして、より人の目を引くものがある。それは感情だ。たとえば、ベートーヴェンの《田園》の第1楽章は、彼が旅先で経験した喜びを表現している。パンクバンドの代表格であるザ・クラッシュの《白い暴動》では、ジョー・ストラマーが抱いた社会に対する怒りや不満が表されている。ピカソの《ゲルニカ》には戦争の悲しみや反戦の思いが表されている。

こうした例をみると、芸術は作者の感情を表現したもの、鑑賞者に作者の抱いた感情を伝えるものであると思われるかもしれない。さらにそこから、感情表現でないものは芸術とみなせないと考える人もいるかもしれない。

感情は重要か?

しかし、この意見には明らかな反例がある。作者の感情を表現していない芸術があるのだ。抽象芸術はまさにそうだろう。抽象画は色や形の配列を鑑賞してもらうために作られたものであり、抽象音楽(「絶対音楽」と呼ばれるもの)は音の配列を鑑賞してもらうためのものである。こうした抽象芸術の目的は、絵や音楽で何か別のものを表現することではない。目的は、色や音を組み合わせて美しさや素晴らしさを生み出すことである。出来上がった色や音の並びが素晴らしければいいのだ。あるいは、宗教芸術も反例となるだろう。そこで表されているのは作者が抱いた感情ではなく、宗教的真理・教義・神話といったものである。

このように明らかな反例があるため、「芸術は作者の感情表現でなければならない」という考えは間違っている。芸術には、作者の感情を表現するものもあれば、そうではないものもあるのだ。

確かに、「芸術は作者の感情表現である」という考えがないわけではない。一八世紀後半のヨーロッパで流行した「ロマン主義」の芸術観は、まさにそういうものだった。とはいえ、ロマン主義でも感情表現があれば芸術だとみなされていたわけではない。芸術家という特別な人が抱く常人とは違った特別な感情が表現されたものが芸術とされていたのである（グレイシック［二〇一九］一三〇頁）。さらに言えば、芸術はロマン主義芸術だけではない。そのため、すべての芸術に関して感情表現を必要条件とみなすのは間違いなのである。

また、感情表現は芸術の十分条件でもない。言い換えると、「感情を表しているものがあれば、それは芸術である」という考えも間違いなのである。いくつか例を挙げて考えてみよう。

たとえば、酔っ払いが大声で世間に対する不満を述べているのを見たとしよう。その罵声《ばせい》は怒りや不満の感情を表している。すると、もし感情表現が芸術の十分条件であるなら、その罵声は芸術ということになる。それどころか、私たちが何気なく行う発言の多くは芸術ということになってしまうだろう。私たちの発言の多くは自分の感情を表しているからだ。

問題は言葉を使った発言だけにとどまらない。たとえば、お腹が空いた赤ちゃんが泣いているとしよう。その声は空腹の不快さという感情の表れである。もし感情の表れが芸術なら、赤ちゃんも芸術を生み出していることになる。すると、人間は言葉も喋れないうちから芸術的なことができるという結論が導かれてしまうだろう。

「感情表現は芸術である」と主張すると、以上のような結論を引き受けなければならなくなる。もしそれが受け入れられないなら、この結論を導いてしまう前提を放棄するべきだろう。

感情表現は芸術の十分条件ではないと認めるべきなのだ。

感情表現に注目する理由

以上の議論が正しければ、感情表現は芸術の必要条件でも十分条件でもない。確かに、芸術によって作者の感情を表現することは可能であり、それが表現されていることで作品の評価が上がる場合もある（同様に、余計な感情表現のせいで評価が下がる場合もある）。だが、芸術にとって感情表現は不可欠なものではないのである。

にもかかわらず、「芸術は作者の感情の表現だ」という考えはよく耳にする。先ほど抽象芸術は作者の感情を表現するものではないと述べたが、抽象芸術にも「このときの作者はこういう気持ちだった」といった解説がつけられる場合もある。なぜ私たちはこれほど作者の感情を気にするのだろうか。

その理由は芸術とは関係なく、私たち人間が他人の感情に非常に興味をもっているためかもしれない。前章で「優しいメロディ」を説明する際に述べたように、人間は社会的な生き物であり、他人と協力して生きている。そして、協力して生きていくうえでは、他人がどういう感情をもっているかを気にかけなければならない。だからこそ人間はあらゆる場面で他人の感情を非常に気にかけており、芸術が関わる場面でもつい感情を気にしてしまうだけなのかもしれないのだ。

以上のように芸術であるために感情表現は必要条件でも十分条件でもないとしても、《田園》や《白い暴動》のように、感情や思想を表現している作品があることは確かである。そうすると、感情を表現する料理はあるのか、料理で感情や思想を表現することは可能なのか、という点が気になってくるだろう。最後にそれについて考えてみよう。

料理は感情を表現するか？

「愛情／真心を込めた料理」といった言い回しはよく耳にする。おいしくて見栄えも良く仕事が丁寧な料理には、愛情や真心が込められているということだ。では、その料理には料理人の感情が表現されているのだろうか。

しかし、愛情や真心といった心の状態が料理に表されるのかどうかは明確ではない。というのも、愛情や真心があってもなくても、技術のある人が作ればおいしく見栄えも良く仕事が丁寧なものができるからだ。プロの料理人ともなれば特別愛情を込めずとも、おいしくて見栄えの良い料理を作れる。嫌いな客に料理を作らねばならず嫌な気持ちになっている場合でも、手を抜くとお金がもらえなかったり評判が落ちたりするので、良い料理を作るだろう。他方で、たとえ本人が愛情や真心を込めたつもりでも、技術がなくてまずいものを作ってしまったら、「愛情の込もった料理」とは呼ばれそうにない。以上からすると、料理の出来は愛情や真心とは独立なものだということになる。

別の例を考えよう。たとえば、ある料理人はイライラしているときに味付けや火加減が雑になり、そんなにおいしくない料理を作ってしまうとする。そのため、おいしくない料理が出てくると、その人がイライラしていることがわかる。このときの料理の味は、作った人のイライラの表れなのだろうか。

だが、これは「表現」と呼ぶべきものではない。むしろ、感情が行動に影響するというだけの話だ。イライラしていれば、絵を描くときに線が歪んだり、暴投でストライクゾーンにボールが行かなかったり、計算問題でミスをしたり、一方通行の標識を見逃して警察に止められたりする。浮かれたり悲しんだりしているときも、こうした失敗が起きてしまうだろう。いくつかの感情は集中力や注意を乱し、ミスを誘発する。先ほどの料理人の作る料理もそれだ。感情が原因となって行動が失敗しているだけで、感情が表現されているわけではないのである。

また別の例を考えよう。フジテレビ系列の昼ドラ『真珠夫人』(二〇〇二年)では、浮気している夫に妻が「財布ステーキ」を出すシーンが衝撃を与えた。皿の上にはソースがふんだんにかかったステーキがあるように見えるが、硬くてナイフで切ることができない。よく調べてみるとソースの下には三〇〇〇円の値札がついており、夫はそこでそれが財布だと気づく。この場面の財布ステーキは、妻の怒りや嫉妬を表しているのではないだろうか。

確かに、この財布ステーキは怒りを表しているだろう。しかし、目下の目的からすると少々微妙なところがある。気になるのは、出された財布が食べ物ではない点だ。財布ステーキは怒りを表明した料理というよりも、料理が出てくるはずの場面で食べられないものを出すことが怒りの表明となっていると言うべきかもしれない。一般的に、「この場面ではこうあるべきだ」という期待や予想を裏切ることで感情を表すことができる。会うたびに握手してくる人が今日はしてこなかったら、何か自分に対して怒っているのではないかと不安になるだろう。

料理による感情表現

では、食べられるものを使った感情表現を考えよう。ありきたりだが、バレンタインデーに渡されるチョコレートはどうだろうか。そのチョコレートは、好きという感情や交際したいという気持ちを表現する食べ物の例としてふさわしいように思われる。

ここで次のような反論があるかもしれない。チョコレートは好意を伝えるために発明されたものではない。チョコレートはもとから存在し、後から、特定の日にチョコレートを他人に渡して好意を表現するという習慣ができただけだ。これに対し、ベートーヴェンは喜びを表現するために《田園》を作曲したのであって、後から《田園》が喜びの表現とみなされるようになったわけではない。芸術によって感情を表現するためには、その表現のために新たに作品を作る必要があるのではないか。すでに存在するチョコレートを感情を伝えるために使うのは、芸術による感情表現とは異なるのではないだろうか。

しかし、この反論は正しくない。というのも、音楽などの芸術でも、すでに存在するものを使わなければ作者の感情は表現できないからだ。たとえば、音楽で喜びを表現しようと思っても、テンポが遅く音程の低い曲を作ってしまったら喜びは伝わらないだろう。そうした曲は悲しみを抱いている人の喋り方と似ているので、「悲しい曲」という印象を与えてしまう。音楽で喜びを表現しようと思ったら、楽しみを抱いている人の喋り方に似せてテンポを速くしたり全体の音程を高くしたりする必要がある。つまり、「こういう特徴の音は楽しく聴こえ、こういう特徴の音は悲しく聴こえる」という規則が音楽とは独立に存在しており、音楽で感情を表現しようと思ったらその規則を利用しなければならないのである（本書前章第4節および源河［二〇一九］第10章を参照）。

このように、芸術で感情や思想を表現するためには、芸術とは独立に存在している物事を利用しなければならない。そして、バレンタインデーに渡されるチョコレートもそうした物事に基づいている。チョコレートを特定の日に渡すことは好意の表明であるという合意があるからこそ、それを利用して、食べ物で感情や思いを表現できるのだ。

まとめ――芸術の線引き

本章では、料理は芸術でないと言われるときに挙げられそうな理由をいくつか検討した。それらはどれも、芸術として現に認められているものを芸術から排除してしまうものであり、料理だけを芸術から除外するのにふさわしい理由ではなかった。そして、芸術と現に認められているものがもつ特徴のいくつかは、料理にも備わっていた。もちろん、本章で取り上げた論点がすべてとは限らず、料理を芸術から排除するような他の理由があるかもしれない。とはいえ、少なくとも本章の議論は「料理は芸術でない」と主張するのは簡単ではないことを示しているはずである。

本章の冒頭で述べた通り、芸術を定義するのは非常に難しい。だが、定義できないからといって「芸術とそうでないものの区別はない」とか「すべてが芸術だ」とか言い出すのは短絡的すぎる。それは、ここまでは川でここからは海だという明確な境界がないことから「川と海には何の違いもない」と言い出すようなものだ。しかし、それは正しくない。というのも、私たちは明らかに川である部分と明らかに海である部分を区別しているからである。

「明日は海に行くよ」と言われて山の水源に連れて行かれたら、おかしいと思うだろう。境界線が曖昧であることは、違いがないことを意味しないのである。

料理はいまのところ曖昧な境界線上にあるのかもしれない。しかし、本章の議論がうまくいっていれば、普段の料理も、すでに芸術と認められているものと同じ領域にあると考えることができるのではないだろうか。何気なく口にしたインスタントラーメンは何気なく口ずさんだ歌と同程度には芸術的なものなのだ。

あとがき

初めて食をテーマにしたのは講談社の『群像』二〇二〇年九月号に掲載された「酒の哲学」でした。そのときに余談で「酒をテーマにした本を書きたいと思っているが、そう思うときはだいたい酔っているので、なかなか実行に移せない」みたいなことを書きましたが、それを実行したのが本書です。とはいえ、酒だけだと飲まない人に伝わらないので飲食全般に話を広げました（「酒の哲学」は第5章4節のもとになっています）。本書の企画を立ち上げていただいた上林達也さん、編集を担当いただいた田中正敏さんに感謝いたします。

二〇二二年四月

源河　亨

参考文献

Juslin, P. [2019] *Musical Emotions Explained*, Oxford University Press.

Levinson, J. [2001] "Aesthetic Properties, Evaluative Force, and Differences of Sensibility", in E. Brady and J. Levinson (eds.) *Aesthetic Concepts: Essays After Sibley*, Oxford University Press, 61-80.

Meskin, A. [2013] "The art of food", *The Philosophers' Magazine*, 61: 81-86.

Morrot, G. et al. [2001] "The color of odors", *Brain and Language* 79 (2): 309-320.

O'Callaghan, C. [2017] *Beyond Vision: Philosophical Essays*, Oxford University Press.

Sibley, F. [1959] "Aesthetic Concepts", *Philosophical Review* 68 (4): 421-450.（シブリー、フランク［二〇一五］「美的概念」、吉成優訳、西村清和（編・監訳）『分析美学基本論文集』、勁草書房。）

——[1965] "Aesthetic and Nonaesthetic", *Philosophical Review* 74 (2): 135-159.

——[2001] *Approach to Aesthetics: Collected Papers on Philosophical Aesthetics*, Oxford University Press.

飯田隆［二〇一七］『新哲学対話——ソクラテスならどう考える？』、筑摩書房。

市川一夫［二〇二〇］『知られざる色覚異常の真実［改訂版］』、幻冬舎。

ウィリアムズ、バーナード［一九九三］『生き方について哲学は何が言えるか』、森脇康友・下川潔訳、産業図書。

NHKスペシャル「食の起源」取材班［二〇二一］『「人類700万年の進化」が教えてくれる理想の食事術』、主婦と生活社。

小嶋篤史［二〇一〇］『コンパニオンバードの病気百科――飼い鳥の飼育者と鳥の医療に関わる総ての方々に薦める〝鳥の医学書〟』、誠文堂新光社。

小田部胤久［二〇二〇］『美学』、東京大学出版会。

柏端達也［二〇一七］『現代形而上学入門』、勁草書房。

鹿取みゆき［二〇一三］「言葉で表現するためには？・」、東原ほか［二〇一三］、第四章、二三三～三一六頁。

川崎寛也［二〇二一］『味・香り「こつ」の科学――おいしさを高める味と香りのQ&A』、柴田書店。

川端二功［二〇一三］「スパイスの化学受容と機能性」、『日本調理科学会誌』四六巻一号、一～七頁。

ギブズ・Jr、レイモンド・W［二〇〇八］『比喩と認知――心とことばの認知科学』、辻幸夫・井上逸兵監訳、研究社。

グッド、ジェイミー［二〇一八］『ワインの味の科学』、伊藤伸子訳、エクスナレッジ。

久保將（監修）［二〇一四］『ワインテイスティングの基礎知識』、新星出版社。

グレイシック、セオドア［二〇一九］『音楽の哲学入門』、源河亨・木下頌子訳、慶應義塾大学出版会。

源河亨［二〇一七］『知覚と判断の境界線――「知覚の哲学」基本と応用』、慶應義塾大学出版会。

――［二〇一九］『悲しい曲の何が悲しいのか――音楽美学と心の哲学』、慶應義塾大学出版会。

――［二〇二一］『感情の哲学入門講義』、慶應義塾大学出版会。

コースマイヤー、キャロリン［二〇〇九］『美学――ジェンダーの視点から』、長野順子ほか訳、三元社。

神戸大学プレスリリース［二〇二二］「「毒キノコ」とニホンリスの関係～ベニテングダケを食べるニホンリ

ス〜」、研究ニュースサイト『Research at Kobe』、〈https://www.kobe-u.ac.jp/research_at_kobe/NEWS/news/2022_01_05_03.html〉。

サイトウィック、リチャード・E&イーグルマン、デイヴィッド・M［二〇一〇］『脳のなかの万華鏡――「共感覚」のめくるめく世界』、山下篤子訳、河出書房新社。

佐々木健一［二〇〇一］『タイトルの魔力』、中公新書。

――［二〇一九］『美学への招待［増補版］』、中公新書。

シェファード、ゴードン・M［二〇一四］『美味しさの脳科学――においが味わいを決めている』、小松淳子訳、インターシフト。

ジャケ、シャンタル［二〇一五］『匂いの哲学』、岩崎陽子監訳、北村未央訳、晃洋書房。

スクルートン、ロジャー［一九八五］『建築美学』、阿部公正訳、丸善。

ステッカー、ロバート［二〇一三］『分析美学入門』、森功次訳、勁草書房。

スペンス、チャールズ［二〇一八］『「おいしさ」の錯覚――最新科学でわかった、美味の真実』、長谷川圭訳、KADOKAWA。

角直樹［二〇一九］『おいしさの見える化――風味を伝えるマーケティング力』、幸書房。

瀬戸賢一（編著）［二〇〇三］『ことばは味を超える――美味しい表現の探求』、海鳴社。

――［二〇〇五］『味ことばの世界』、海鳴社。

瀬戸賢一&味ことば研究ラボラトリー［二〇二二］『おいしい味の表現術』、インターナショナル新書。

谷川渥［二〇〇三］『美学の逆説』、ちくま学芸文庫。

ダンチガー、バーバラ&スウィーツァー、イブ［二〇二二］『「比喩」とは何か――認知言語学からのアプローチ』、野村益寛ほか訳、開拓社。

蝶名林亮（編著）［二〇一九］『メタ倫理学の最前線』、勁草書房。

辻本智子［二〇〇三］「味ことばの隠し味」、瀬戸［二〇〇三］、六の皿、一五六〜一八五頁。

東原和成ほか［二〇一三］『においと味わいの不思議――知ればもっとワインがおいしくなる』、虹有社。

富永敬俊［二〇〇六］『アロマパレットで遊ぶ――ワインの香りの七原色』、ワイン王国。

長田典子［二〇一〇］「音を聴くと色が見える――共感覚のクロスモダリティ」、『日本色彩学会誌』三四巻四号、三四八〜三五三頁。

新村芳人［二〇一八］『嗅覚はどう進化してきたか――生き物たちの匂いの世界』、岩波書店。

西村清和［二〇一一］『プラスチックの木でなにが悪いのか――環境美学入門』、勁草書房。

西村義樹&野矢茂樹［二〇一三］『言語学の教室――哲学者と学ぶ認知言語学』、中公新書。

ネーゲル、トマス［一九八九］『コウモリであるとはどのようなことか』、永井均訳、勁草書房。

パウエル、ジョン［二〇一七］『ドビュッシーはワインを美味にするか？――音楽の心理学』、濱野大道訳、早川書房。

バーウィッチ、A・S［二〇二一］『においが心を動かす――ヒトは嗅覚の動物である』、大田直子訳、河出書房新社。

ハーツ、レイチェル［二〇一八］『あなたはなぜ「カリカリベーコンのにおい」に魅かれるのか――においと味覚の科学で解決する日常の食事から摂食障害まで』、川添節子訳、原書房。

バーンバウム、モリー［二〇一三］『アノスミア――わたしが嗅覚を失ってからとり戻すまでの物語』、ニキリンコ訳、勁草書房。

久野愛［二〇二一］『視覚化する味覚――食を彩る資本主義』、岩波新書。

フェスティンガー、レオンほか［一九九五］『予言がはずれるとき――この世の破滅を予知した現代のある集団を解明する』、水野博介訳、勁草書房。

吹春俊光［二〇〇九］『きのこの下には死体が眠る!?――菌糸が織りなす不思議な世界』、技術評論社。

福島宙輝［二〇一八］『豊かな人生を引き寄せる「あ、これ美味しい！」の言い換え力』、三才ブックス。

伏木亨［二〇〇八］『味覚と嗜好のサイエンス』、丸善。

――［二〇一三］「おいしさとは何か」、東原ほか［二〇一三］、第三章、一五〇～二三〇頁。

ホルムズ、ボブ［二〇一八］『風味は不思議――多感覚と「おいしい」の科学』、堤理華訳、原書房。

増田知尋［二〇一一］「視覚による食の認知」、日下部裕子・和田有史編『味わいの認知科学――舌の先から脳の向こうまで』、勁草書房、第六章、一一七～一三五頁。

マッケイド、ジョン［二〇一六］『おいしさの人類史――人類初のひと噛みから「うまみ革命」まで』、中里京子訳、河出書房新社。

村田純一［二〇一九］『味わいの現象学――知覚経験のマルチモダリティ』、ぷねうま舎。

安松啓子ほか［二〇二二］「脂肪酸の美味しさ不味さの生体メカニズムの解明へ向けて」、『オレオサイエンス』二二巻七号、二六一～二六八頁。

山本隆［二〇一七］『楽しく学べる味覚生理学――味覚と食行動のサイエンス』、建帛社。

リンデン、デイヴィッド・J［二〇一六］『触れることの科学――なぜ感じるのかどう感じるのか』、岩坂彰訳、河出書房新社。

レイコフ、ジョージ＆ジョンソン、マーク［一九八六］『レトリックと人生』、渡部昇一ほか訳、大修館書店。

ワイツ、モリス［二〇一五］「美学における理論の役割」、松永伸司訳、電子出版物、〈https://note.com/zmz/n/n397f021fb7e9〉。

源 河 亨（げんか・とおる）

1985年，沖縄県生まれ．2016年に慶應義塾大学にて博士（哲学）を取得．日本学術振興会特別研究員PD（東京大学），日本大学芸術学部非常勤講師などを経て，2021年より九州大学大学院比較社会文化研究院講師．
専門は，心の哲学，美学．
著書『知覚と判断の境界線――「知覚の哲学」基本と応用』（2017年，慶應義塾大学出版会）
『悲しい曲の何が悲しいのか――音楽美学と心の哲学』（2019年，慶應義塾大学出版会）
『感情の哲学入門講義』（2021年，慶應義塾大学出版会）

「美味《おい》しい」とは何《なに》か
中公新書 *2713*

2022年 8 月25日発行

著 者 源 河 亨
発行者 安 部 順 一

本文印刷 暁 印 刷
カバー印刷 大熊整美堂
製 本 小泉製本

発行所 中央公論新社
〒 100-8152
東京都千代田区大手町 1-7-1
電話 販売 03-5299-1730
編集 03-5299-1830
URL https://www.chuko.co.jp/

Published by CHUOKORON-SHINSHA, INC.
Printed in Japan ISBN978-4-12-102713-9 C1210